D1727549

Heinz-Joachim Simon

Das Geheimnis der Marke

Heinz-Joachim Simon

Das Geheimnis der Marke

ABC der Markentechnik

Wirtschaftsverlag Langen Müller / Herbig

Besuchen Sie uns im Internet unter
http://www.herbig.net

© 2001 by Wirtschaftsverlag Langen Müller / Herbig in der
F. A. Herbig Verlagsbuchhandlung GmbH, München
Alle Rechte vorbehalten
Schutzumschlag: Wolfgang Heinzel
Satz: Fotosatz Völkl, Puchheim
gesetzt aus: 11,5/15,5 Punkt Stempel Garamond
Druck: Jos. C. Huber KG, Dießen
Binden: R. Oldenbourg, München
Printed in Germany
ISBN 3-7844-7417-9

Inhaltsverzeichnis

A–Z: Alles, was Sie über die Markenführung wissen müssen

Dieses Buch versucht eine praktische Anleitung für die Führung von Marken zu geben. Es soll dem Unternehmensleiter oder markentechnisch Interessierten Anregungen und Tipps für den Aufbau oder die Pflege der Marke vermitteln. Es soll vor typischen Fehlern bewahren und aufzeigen, mit welchen Maßnahmen Marken aufgebaut und gepflegt werden können. Erwarten Sie hier keine hochwissenschaftliche Abhandlung, die bisher nicht ans Licht der Öffentlichkeit gekommen ist. Und wenn Sie jetzt schon das Geheimnis der Marke enthüllt haben wollen, so muss ich Sie um ein klein wenig Geduld bitten. Am Schluss des Buches werden Sie selbst darauf kommen, was es mit diesem Geheimnis auf sich hat ..., oder Sie werden nie für die Ansprüche einer Markenstrategie empfänglich sein. Dieses Buch enthält praktische Erfahrungen mit Marken, die teilweise zu den Markenlegenden der deutschen Wirtschaftsgeschichte gehören. Wenn man dreißig Jahre mit der Idee der Marke unterwegs ist, sind einem zwangsläufig viele Dinge passiert, die das eigene Know-how verbessern halfen. Ich bin ein wenig stolz darauf, dass sich meine Klientenliste wie das »Who's who der deutschen Wirtschaft« liest, und muss doch demütig bekennen, dass ich immer noch ständig dazulerne und manche meiner Klienten auch meine Lehrer waren. Fast jeder Klient hat mir etwas mitgegeben. Genau genommen verdanke ich all mein Wissen den großen deutschen Marken. Mein Dank gilt also all den Unternehmen und den Persönlichkeiten, die mir ihr Vertrauen schenkten und mir die Möglichkeit einräumten, die von mir entwickelten Techniken und meine Erfahrungen in den Dienst ihrer Marke zu stellen. Ich hoffe, dass Sie am Ende des Buches meiner Erkenntnis zustimmen, dass man von Unternehmern immer etwas lernen kann. Ich bin mir darüber im Klaren, dass ich ein paar gescheite Kollegen habe, die genauso viel und vielleicht noch mehr über die Markenwirkung wissen als ich oder zumindest diesen Anspruch erheben. Für sie wird dieses Buch natürlich keine großen Offenbarungen enthalten.

Von ihnen erhoffe ich Verständnis dafür, dass ich mit den Mitteln, über die ich verfüge, Unternehmern die Chancen aufzeigen will, die einem die richtige Markenführung eröffnen. Schließlich offenbart sich bei der Analyse vieler Markenstorys, dass entweder das Wissen über Markentechnik doch nicht so weit verbreitet ist, wie wir Markentechniker oft voraussetzen, oder aber, dass der Unterschied zwischen Theorie und Praxis ein gewaltiger war. Zugegeben, keine besonders originelle Erklärung, aber in anderen Disziplinen gelingt es doch auch, bessere Brücken von der Theorie zur Praxis zu bauen. Lehnen Sie sich also zurück und tauchen Sie ein in die Welt der Marke, und wenn Sie sich dann bestätigt fühlen, dass Sie die Marke wie hier geschildert führen, gehören Sie zu den

Freunden der Markentechnik und werden meine Begeisterung und Leidenschaft für Markentechnik teilen oder zumindest mit wohlwollendem Lächeln quittieren.

Macht und Ohnmacht der Marke

»Funktioniert es wirklich?« Wenn ich Vorträge über Markentechnik halte, kommt es manchmal vor, dass ich mit ungläubigem Staunen und großen Augen gefragt werde, ob ich wirklich weiß, wann Marken funktionieren und wann nicht mehr. Ich komme mir dann immer vor, als hätte ich gerade dem Nostradamus Konkurrenz gemacht. Wenn ich die Frage dann positiv beantworte, zeigt sich grenzenloses Staunen und manchmal sogar Empörung in den Gesichtern, als würde ich ihnen den Stein der Weisen vorenthalten, und es dauert dann eine gewisse Zeit, bis von meinen Zuhörern erkannt wird, dass Markentechnik ihnen auch eine Menge Steine aus dem Weg räumen kann.

Das Erstaunlichste ist, dass Markentechnik eigentlich nichts Unbekanntes ist. Zumindest hat jeder schon einmal davon gehört. Schließlich hat der große Mann der Markentechnik, Hans Domizlaff, in seinem Buch »Die Gewinnung des öffentlichen Vertrauens«* bereits in den dreißiger Jahren die Erfolgsregeln aufgestellt. Sie können mir glauben, dass das meiste, was dort in einer Sprache, die uns heute leider fremd geworden ist, von ihm formuliert wurde, heute immer noch Gültigkeit hat. Lassen Sie

---

* Hans Domizlaff: »Die Gewinnung des öffentlichen Vertrauens«, Verlag Marketing Journal, Hamburg.

die nachfolgenden Sätze wie alttestamentarische Gebote auf sich wirken:

1. Die Voraussetzung der natürlichen Markenbildung ist die Warenqualität.
2. Nicht die Preisfrage entscheidet in erster Linie, sondern das Vertrauen in die Qualität.
3. Eine Markenware ist das Erzeugnis von Persönlichkeiten und wird am stärksten durch den Stempel von Persönlichkeiten gestützt.
4. Das Ziel der Markentechnik ist die Sicherung einer Monopolstellung in der Psyche der Verbraucher.
5. Der Wert eines Markenartikels beruht auf dem Vertrautsein des Verbrauchers mit dem Gesicht des Markenartikels.

Wenn Sie das Buch tatsächlich noch nicht gelesen haben sollten, so bestellen Sie es sich schnellstens. Dank Wolfgang K. A. Dischs verlegerischen Initiativen können wir uns wieder klug machen, was Hans Domizlaff uns zur Markentechnik zu sagen hat. Mit meinem neuen Buch möchte ich einen weiteren Beitrag dazu leisten, Domizlaffs Regeln mit den Erkenntnissen und Notwendigkeiten zu verbinden, die sich aus dem Wertewandel und der Informationsüberflutung ergeben.

Ich hoffe, Sie werden das Buch annähernd genauso lesenswert und interessant finden wie Domizlaffs Naturgesetze. Nun brauchen Sie keine Angst zu haben, dass ich nur alten Wein in neue Schläuche gieße. Es hat sich seit Domizlaffs Großtaten für Reemtsma und Siemens genug verändert, sodass schon einige Regeln der Markentechnik heute anders zu buchstabieren sind. Konkret: Wertewandel und Informationsüberflutung verlangen eine neue Interpretation der Domizlaff'schen Markengesetze.

Wie habe ich Erfolg?

Das ist die Frage, die im Mittelpunkt dieses Buches steht. Und die Antwort darauf lautet, dass die Markentechnik Sie in die Lage versetzt, Marken zum Erfolg zu führen. Vorausgesetzt, Sie beherzigen die Grundregeln zur erfolgreichen Markenführung. Deswegen finden Sie am Ende jedes Buchstabenkapitels auch einige Grundregeln, die es dem eiligen Leser ermöglichen, die Quintessenz des Kapitels schnell aufzunehmen. Aber wenn Ihnen der Erfolg einigermaßen am Herzen liegt, werden Sie sich Zeit nehmen und sich intensiv mit dem Inhalt dieses Buches auseinander setzen. Sie haben also drei Möglichkeiten, sich der Markentechnik zu nähern: Über die Stichworte des ABC, über die Grundregeln der Markenführung, oder Sie lesen dieses Buch wie einen unterhaltsamen Hintergrundbericht aus der bunten Welt der Markenwerbung. Durch das Stichwortverzeichnis wird der Einstieg in die Markentechnik aus ganz unterschiedlichen Perspektiven möglich. Wobei sich aus Verständnisgründen die eine oder andere Wiederholung nicht vermeiden ließ. Ich hoffe, Sie bestätigen meinen Vorsatz, dass sich selbst diese Passagen unterhaltsam und spannend lesen. Dabei werden Sie überprüfen können, ob Sie bisher rein instinktiv nach den Forderungen des New Branding gehandelt haben. Alle gängigen Managementtheorien versprechen Erfolg. Dieses Buch verspricht Ihnen diesen aber nur, wenn Sie sich in den Dienst einer Idee stellen. Wenn Sie Kärrnerarbeit verrichten und uneigennützig und respektvoll mit der Marke umgehen. Sie können zum illustren Kreis der großen Markenmacher gehören, wenn Sie demütig und bescheiden bleiben und sich selbst nicht zu ernst nehmen. Zugegeben, das sind keine sehr attraktiven Forderungen und es wird viele geben, die schon an dieser Hürde scheitern. Aber es wäre doch schlimm, wenn der Erfolg für jeden wohlfeil zu haben wäre.

Markenarbeit als Philosophie einer Elite

In einer Zeit, die gleichmacherisch dem Teamgedanken huldigt, mag es anachronistisch erscheinen, wieder von einer Philosophie für eine Elite zu sprechen. Aber ich werde aufzeigen, dass die Marke so viel von den Führungspersönlichkeiten einfordert, dass viele von vornherein den Anforderungen nicht genügen. Marken haben einen sehr ausgeprägten Charakter, und gleiche Eigenschaften fordern sie von denen, die sie führen. Das ist eine sehr hohe Messlatte, und am Schluss des Buches werden Sie sich die Frage stellen, ob Sie sich auf diese Philosophie einlassen wollen. Wie Marken funktionieren, ist selbst nach den vielen Veröffentlichungen, zum Beispiel im *Marketing Journal,* nur wenigen bekannt. Über die Gründe kann ich nur mutmaßen: vielleicht weil zu viel Schweiß und Mühe eingefordert wird, vielleicht weil bei richtiger Markenführung die Werbeagenturen nicht mehr dem »Kreativ-Schick« huldigen können, vielleicht ist auch die beharr-

14

liche Missachtung der Markentechnik das Ergebnis einer stillschweigenden Verschwörung, weil sie uns Werbeleuten die Möglichkeit entzieht, alle zwei Jahre mit einer neuen Kampagne viel Geld zu verdienen. Zugegeben, hier bin ich etwas polemisch.

Jeder weiß also, dass es Markentechnik gibt; was sie bedeutet, weiß man jedoch nicht so genau. Aber wo soll das Wissen auch herkommen? An den Universitäten wird der Markentechnik erst seit kurzem die Beachtung eingeräumt, die sie verdient. Als ich vor einigen Jahren einen Vortrag vor etwa fünfzig Marketingprofessoren über Markentechnik hielt, war die bezeichnende Reaktion am Ende meines Vortrags nicht eine leidenschaftliche Diskussion über die Richtigkeit meiner Thesen, sondern die Frage, ob ich Checklisten zur Markentechnik hätte. Die Enttäuschung war sehr groß, als ich dies verneinte. Ich verwies dann auf mein Buch »Die Marke ist die Botschaft«*, und vielleicht hat der eine oder andere von meiner Erkenntnis gelesen, dass es sich bei der Markentechnik nicht um eine Wissenschaft, sondern mehr um eine Philosophie handelt, wobei es nun Ihr gutes Recht ist, auch diesen Begriff als zu hoch gegriffen einzustufen. Einigen wir uns also »auf eine Geisteshaltung, die bestimmte Verhaltensweisen verlangt«. So kommt es dazu, dass jedes Jahr Zigtausende von Studenten mit großem Elan und im Zustand des Nichtwissens in die Marketingabteilungen strömen und sich nach kurzer Zeit zum Produktmanager hochdienen und ihnen die Marken ausge-

---

* Heinz-Joachim Simon: »Die Marke ist die Botschaft«, Verlag Marketing Journal, Hamburg.

liefert sind. Im Zustand des Nichtwissens bemerken sie natürlich nicht einmal, was sie anrichten. Nach Erscheinen dieses Buches kann sich also niemand mehr herausreden, dass es keine aktuelle Lektüre zur Markentechnik gäbe. Wobei es nun an der Zeit ist, darauf hinzuweisen, dass Marketing und Markentechnik nicht das Gleiche sind, nur weil beide Begriffe ähnlich klingen. Markentechnik sichert Ihnen Wertvorstellungen, Einstellungen, Bilder in den Köpfen Ihrer Käufer. Marketing liefert das Instrumentarium, wie Sie durch innovative Produkte, Werbung, Verkaufsförderung, Public Relation und andere absatzfördernde Maßnahmen zum Erfolg kommen.

Ich bin kein in »Wortklaubereien« besonders geschulter Mensch und hoffe, dass Ihnen diese Erklärung genügt.

»Seien Sie realistisch, fordern Sie das Unmögliche«

Ich fand dieses Zitat in einem europäischen Zigarrenmagazin und als Verfasser wurde zu meiner Verblüffung niemand geringerer als Che Guevara angegeben. Politisch mag man zu dem Mann stehen, wie man will, aber Che Guevara hat nach seinen Visionen gelebt, und dies imponiert heute noch, mehr als dreißig Jahre nach seinem Tod. Die Faszination, die »Che« auslöst, liegt darin, dass er sich bedingungslos einer Idee unterordnete und sie vorlebte. Für Marken braucht man Menschen, die auch leidenschaftlich eine Idee verfolgen. Menschen ohne Visionen sind arm. Führungspersönlichkeiten ohne Vision sollten ein Widerspruch in sich sein. Leben Sie also Ihre Visionen

16

aus, vorzugsweise Ihre unternehmerischen. Markentechnik kann Ihnen dabei helfen, diese zu verwirklichen. Gehören Sie zu denen, die ihre Welt selbst gestalten. Was Sie dazu brauchen, ist Charakter, und dies schließt Durchsetzungsvermögen und den Glauben an die eigenen Fähigkeiten mit ein. Das scheinbar Unmögliche kann durch Sie Wirklichkeit werden.

A WIE ALLEINSTELLUNG

WOLLEN SIE NUR DABEI SEIN
ODER DOCH LIEBER SIEGER SEIN?

Alle vier Jahre wird während der Olympischen Spiele kräftig gelogen. Die Behauptung »Dabei sein ist alles« wird dadurch noch nicht zur Wahrheit, nur weil sie seit Beginn der Spiele neuer Zeitrechnung ständig gebetsmühlenartig wiederholt wird. Es ist zwar verständlich, dass man den Tausenden von Verlierern die Niederlage versüßen will, aber jeder Silbermedaillengewinner würde seine Medaille liebend gern gegen die goldene eintauschen. Oder können Sie sich an den letzten Silbermedaillengewinner im Diskuswerfen erinnern? Die ganze Plackerei lohnt also nur, wenn man auf dem obersten Treppchen ankommt. Ich möchte Sie darin bestätigen, dass schon der zweite Platz nicht lohnt, oder wissen Sie den Namen des Mannes, der als Zweiter die Erde umsegelte? Machen Sie sich klar, was Sie wollen, und sagen Sie es Ihren Mitarbeitern und jedem, der es wissen sollte, womit ich Presse, Banken und Ihr gesamtes geschäftliches Umfeld meine. Dies setzt einen natürlich ganz schön unter Druck, aber es wird Sie auch anspornen. Es ist mir immer wieder passiert, dass ich auf Führungspersönlichkeiten stieß, denen der Wille zum Sieg fehlte. Damit wir uns richtig verstehen, das waren nette, eloquente Menschen, sie konnten auch auf Umsatzsteigerungen in den letzten Jahren verweisen – manchmal waren sie sogar Marktführer –, und doch befanden sie sich in einer gefährlichen Situation. Das Feuer in ihnen war erloschen, sie verwalteten nur noch und griffen nicht mehr an.

»Lasst uns die Konkurrenz wegputzen«

Wie will jemand ein Feuer entzünden, der es nicht in sich trägt? Aber wenn Sie nur die Nummer zwei im Markt sind, müssen Sie Ihr Unternehmen auf die Überholspur setzen. Fordern Sie das scheinbar Unmögliche. Sie dürfen sich dabei natürlich nicht ausschließen und müssen den Angriffsgeist vorleben. Machen Sie Ihre Marke zu einem Siegeszeichen. Dies wird sie nur werden, wenn Sie eine Kultur der Gewinner bekommen. Nennen Sie den Gegner beim Namen und schwören Sie die Mannschaft darauf ein, dass sie die Konkurrenz schlagen wird. Es muss nicht so weit kommen, wie es mir von einer bekannten Automobilmarke in den USA erzählt wurde: Jeden Morgen vor Arbeitsbeginn versammelte sich die Marketingabteilung mit dem gemeinsamen Ruf: »Wir werden Chevy schlagen.« Aber vielleicht ist das auch nur eine Anekdote, die uns die direkte Art der Amerikaner veranschaulicht. Es ist wichtig zu wissen, wohin der Weg führt. Für die Mitarbeiter in der Produktion, für die Produktentwickler, für die Marketingleute, um nur einige herauszugreifen, vor allem aber ist es wichtig für die Markenführung. Je klarer Sie definieren, wofür die Marke steht, desto deutlicher zeigt sich der Weg zur Durchsetzung dieses Ziels. Wenn Sie gewinnen wollen, können Ihre Leute gar nicht heiß genug sein. Denn der friedliche Wettbewerb hanseatischer Kaufleute ist das heute dort draußen im Markt nicht mehr, wenn es um den ersten Platz geht. Das Wort Wettbewerb verschleiert, was im Markt los ist. Auch wenn es ein wenig martialisch klingt: Sie befinden sich im Krieg. Der Außendienst sind die Sturmtruppen, die Geländegewinne zu erzielen haben und die Werbung hat das Feld vorher sturmreif zu schießen.

Sind Ihre Produkte nicht besser als die der Konkurrenz, geht es nur darum, ob diese oder Sie übrig bleiben. Der nette Kollege, mit dem Sie im Verband so trefflich über Gemeinsamkeiten parlieren können, will Sie aus dem Markt boxen. Damit dies nicht passiert, müssen Sie Ihr Pulver trocken halten, zum Beispiel, indem Sie Markentechnik einsetzen.

Mangelnde Führungsstärke führt zu einem Mangel an Markenstärke

Wenn Sie der Beste werden wollen, wird Ihnen gar nichts anderes übrig bleiben, als das Beste zu bieten. Das bleibt bekanntlich oft ein Wunschtraum oder wird Ihnen einfach nicht geglaubt. Einmal, weil tatsächliche Produktvorteile selten sind oder nur kurze Zeit bestehen, zum anderen, weil die meisten Verbraucher ohnehin annehmen, dass die Produkte alle ziemlich gleich sind. Mittlerweile hat sich herumgesprochen, dass die Handelsmarken keinen Deut schlechter sind als die klassischen Marken. Und wenn es bei der Qualität keinen Unterschied gibt, dann bleibt als einziges Argument nur der Preis übrig. Was wiederum auslöst, dass für Sie als Rendite nichts oder nicht viel übrig bleibt. Schuld sind Sie vielleicht selbst daran. Wenn eine Marke keinen Unterschied zu anderen Marken aufweist, dann ist dies ein Versäumnis in der Führung. Wenn bei Ihnen zu viele Preisaktionen laufen, so liegt dies an mangelnder Führung. Beides schwächt die Marke. Wenn Ihre Marke wirklich keinen Unterschied zur Konkurrenz aufweist, dann gibt es auch keinen Grund, warum nicht der übrig bleiben soll, der am billigsten produzieren und vertreiben kann. Aber: Gibt es wirklich keine Unterschiede oder ist ein Verfall der Marketingtechniken eingetreten?

Unprofessionalität minimiert den Markenmehrwert

Qualität ist zur Eintrittskarte geworden, mit dem ein Unternehmen im Markt überhaupt erst mitspielen darf. Doch Toyota redet von Qualität, genauso wie Mercedes, also muss man schon erläutern, was für eine Qualität jeweils angeboten wird. Der rationale Unterschied zwischen einem Qualitätsprodukt wie Mercedes und einem Qualitätsprodukt wie BMW ist sicher zu finden, aber kaufrelevant sind emotionale Faktoren, die ganz unterschiedliche Käufergruppen ansprechen. Es scheint mir, als habe man in letzter Zeit den Nutzen ein wenig aus den Augen verloren: »Was habe ich davon, wenn ich mich für die Marke XY entscheide?« Es tauchen immer öfter Kampagnen auf, die keine Botschaft haben oder aber zum Rätselraten einladen. Das Werbemetier wird immer mehr zur Spielwiese von Spaßfreunden und Dilettanten. Wenn die Marke keine Antwort zum Nutzen enthält, so hat sie auch keinen Mehrwert. Und da die Informationsflut immer weiter steigt, ist die Wahrscheinlichkeit sehr groß, dass man nur etwas bemerkt, was für einen bemerkenswert ist. Irgendwie hat man das mit der Unterhaltungsgesellschaft gründlich missverstanden. Natürlich wollen die Leute ihren Spaß haben. Aber bekanntlich hört beim Geld der Spaß auf. Normalerweise will man schon wissen, wofür man es auf den Kassentisch legt.

Kann uns eine Wunderformel aus der Vergangenheit helfen?

Ich möchte Sie mit einem Begriff bekannt machen, der einmal zum kleinen Einmaleins der Werbung gehörte. Jeder nannte ihn und öfter auch unangebracht und manchmal fälschlicherweise. Aber wer U.S.P. nicht buchstabieren konnte, war früher einmal als Werber nicht ganz ernst zu nehmen. Ich glaube nicht, dass allzu viele wussten, dass vor den drei Punkten »unique selling proposition« stand. Die Agentur Ted Bates in den USA hat bereits in den vierziger Jahren diesen Begriff aus der Taufe gehoben und er besagt nichts anderes als »Kauf diese Marke und du wirst einen Vorteil davon haben«. Dieser Nutzen sollte zudem einzigartig sein, wobei der Nutzen ein rationaler oder auch ein emotionaler Vorteil sein konnte. Dieser Nutzen muss aber für den Käufer auch interessant sein. Was nützt es, wenn Sie als U.S.P. herausstellen, dass Ihre Lastwagen die leisesten sind, und die Trucker sehen die Lautstärke als Beweis für Kraft an? Sie müssen sich also hinsetzen, Ihre Marke auf Stärken und Schwächen hin analysieren und dann die Wünsche der Kunden darstellen. Und wenn Sie keinen vernünftigen und eingängigen Grund finden, liefern Sie einen emotionalen Grund, wie es Scania mit seinem »King of the Road« tut. Jede Marke muss beantworten, warum man sich für sie entscheiden soll.

Eine Marke, die keinen Nutzen vermittelt, ist eine Marke ohne Auftrag. Spaß als Markenbotschaft ist nur sinnvoll für Produkte oder Dienstleister, die zur Unterhaltung da sind. Aber wenn Sie nicht gerade einen »Gameboy« oder Fernsehsender vermarkten müssen, sollten Sie schon genau darauf achten, dass die Marke den Nutzen, also den Mehrwert, verdeutlicht.

1. Grundregel der Markentechnik:
Die Voraussetzung zur Markendurchsetzung ist der Wille, sich einer Idee zu verschreiben.

2. Grundregel der Markentechnik:
Unterscheiden Sie sich von der Konkurrenz durch ein einzigartiges Nutzenversprechen.

B WIE BOTSCHAFT

DAS MYSTERIUM DER MARKE UND DAS MILLIONEN-EURO-MISSVERSTÄNDNIS

Fast jedes Unternehmen hat so etwas wie ein Markenzeichen – manchmal sogar ein Markenlogo –, und wenn es lange genug im Markt ist und genügend Geld zur Verfügung stand, hat es sogar einen gewissen Bekanntheitsgrad. Aber viele dieser Marken, wenn nicht sogar die meisten, sind nicht mehr als Absenderangaben. Ihr Erscheinen in der Öffentlichkeit bewirkt nur ein »Ach, die sind das!«. Das ist ein bisschen dürftig, wenn vorher viel Geld für Werbung ausgegeben wurde und man von all den Freunden, Bekannten und Verwandten gehört hat, dass die Fernsehspots eigentlich doch sehr witzig seien. Eine Marke kann viel mehr, als nur ein Erkennungszeichen sein. Um dies zu erläutern, müssen wir einmal untersuchen, was eine Marke überhaupt ist. Dabei möchte ich es Ihnen nicht antun, das wiederzugeben, was im Lexikon steht, sondern möchte Ihnen ein Mysterium schildern, das die einen belächeln und die anderen bestaunen werden. Eine Marke ist viel mehr als ein Buchstabe mit einem Kringel. Eine Marke ist ein lebendes Wesen. Damit Sie nicht denken, dass ich mich in meiner Begeisterung nun verstiegen habe; diese Erkenntnis stammt von dem größten Markentechniker, nämlich von Hans Domizlaff selbst. Als ich ihn 1970 kennen lernte, erlebte ich mein Damaskus, auch wenn mir die Bedeutung dieser Begegnung für meinen Berufsweg erst einige Zeit später, als Kommunikationsmanager bei Wolf-Geräte, aufging.

(Mein Titel lautete tatsächlich so und sicher war ich einer der Ersten, der in Deutschland so geschmückt herumlief. Tatsächlich war ich so eine Mischung zwischen Werbeleiter, Geschäftsführungsassistent und Markentechniklehrling und erlebte eine wunderbare Zeit, die jedes Jahr Wolf-Geräten zweistellige Zuwachsraten bescherte. Aber das ist eine andere Geschichte.) Auf jeden Fall habe ich hier das ABC der Markentechnik gründlich lernen dürfen. In dieser Zeit begann ich die Marke als Markenwesen zu begreifen.

Ich habe mir dadurch angewöhnt, in jeder Marke eine Person zu sehen, die einen ganz eigenen, individuellen Charakter hat. Sie werden mich besser verstehen, wenn Sie am Ende dieses Buches angelangt sind und Domizlaffs Buch »Die Gewinnung des öffentlichen Vertrauens« gelesen haben. Das kann natürlich nach sich ziehen, dass nun Sie wiederum Ihr Damaskus erleben.

Absender oder Marke – der Unterschied ist Millionen wert

Die Bezeichnung »Markenwesen« soll auch verdeutlichen, warum ich vor diesem virtuellen Gebilde sehr viel Respekt habe. Es steht also nicht nur, wie das Lexikon

sagt, für gleich bleibende Qualität und Mengenab-
packung, sondern vermittelt Vorstellungen, Meinungen
und Sympathie ... und vor allem erklärt es einen Wert.
Was mit einschließt, dass es sein Geld wert ist. Die Buchstaben des Wortes Mercedes sagen also mehr aus, als dass
es sich um einen hübschen spanischen Mädchennamen
handelt. Und dieses Mehr macht den Unterschied zwischen Absender und Marke aus. Ein Unterschied, der das
Mysterium der Marke darstellt.

Das Markenwesen ist einerseits gutmütig, denn es ver-
zeiht viel und ist geduldig gegenüber menschlicher
Schwäche wie Inkonsequenz, aber es kann auch, wenn Sie
Erfolge wollen, recht anspruchsvoll sein, von Ihnen
Führungskraft verlangen und Sie in eine Disziplin zwin-
gen, die viele als zu mühselig ablehnen.

Die besten Markentechniker sitzen nicht in Atlanta, sondern beim Vatikan

Trotz Coca-Cola und Marlboro haben mich die Künste
amerikanischer Markenstrategen bisher nicht allzu sehr
beeindruckt. Dieser Eindruck ist sicher falsch und ein
schändliches Vorurteil und ich schäme mich zuweilen deswegen. Es ist sicher nur Zufall, dass bei zwei großen Marken, die ich betreute, in beiden Fällen in den unendlichen
Weiten Amerikas von irgendeinem nicht besonders gut
informierten Manager meine gute deutsche Marke als zu
unbedeutend eingestuft wurde, als dass sie ein Eigenleben
behalten durfte. Nach dem Motto »Hier darf der Schwanz
nicht mit dem Hund wedeln« wurden meine Marken zu

Produktmarken heruntergestuft. Das Eigenleben wurde ihnen systematisch ausgetrieben. Aber selbst eine Markenikone wie Coca-Cola ist menschlichen Unzulänglichkeiten ausgeliefert gewesen. Wie Heinz Wiezorek, ehemaliger Chef von Coca-Cola Deutschland, uns auf einem Markenseminar freimütig in Erinnerung rief, dokterte Coca-Cola mit dem Namen »Coke« am Markennamen »herum«; der Slogan wird ohnehin alle paar Jahre verändert, die typische Flasche hatte auch nicht immer die schöne barocke Form, und am Geschmack, dem Produkt selbst, hatte man sich zeitweise auch noch vergangen.

Coca-Cola hat also gegen fast alle Markengesetze verstoßen. Coca-Cola wurde trotzdem zur Kultmarke der westlichen Welt und verkörpert geradezu die westliche Zivilisation. Laut Heinz Wiezorek hat man jedoch stets frühzeitig erkannt, dass man falsch lag, und die Fehler schnellstens abgestellt. Nun, wir wissen, dass Einsicht nicht immer leicht fällt, und deswegen nötigt diese Respekt ab. Besonders dafür, wie offen man mit den eigenen Unzulänglichkeiten umgeht. Großen Respekt habe ich vor den Markentechnikern im Vatikan. Das Holzkreuz, eigentlich ein Folterinstrument, wurde zur Botschaft des Friedens und der Nächstenliebe. Das nenne ich gelungene Umwandlung der Werte, um mit Nietzsche zu sprechen. Das Kreuz hat also nicht nur einen phantastischen Bekanntheitsgrad, sondern steht für Werte, die in Afrika, Lateinamerika und Europa identisch sind. Überall auf der Welt gibt es Stätten, in denen die Menschen sich zu diesen Werten und der Heilsbotschaft bekennen, und viele dieser Menschen tragen auch ein Kreuz um den Hals. Das Bekenntnis zu dem Kreuz ist ritualisiert und die Botschaftsverkünder wehren sich aus markentechnischer Sicht mit Recht gegen Änderungen der Grundbotschaft. Man mag Papst Johannes Paul II. als konservativ beschimpfen und sich über seine wenig dem Zeitgeist entsprechende Starrheit empören, markentechnisch handelt der Mann vollkommen richtig.

Selbst die Rolle der Jesuiten, als besonders eifrige Wächter des Glaubens, lässt sich in die Markenwelten unserer heutigen Gesellschaft übertragen, wo die besonders eifrigen Freunde der Marke in Klubs, Beiräten und Partnerschaftsvereinigungen zusammengefasst werden.

Natürlich ändert sich auch die Kirche, aber markentechnisch darf dies nur unmerklich geschehen. Jede abrupte Änderung führt zu Verwerfungen und Abspaltungen. Doch es geht hier nicht darum, die Markengeschichte des Vatikans zu erzählen. Ich wollte erläutern, dass die Markentechnik nicht von heute auf morgen entstanden ist, sondern eine lange Geschichte hat und dass Kontinuität ihr Erfolgsgeheimnis war und ist.

Markentechnik ist ein Teil der menschlichen Kultur

Nun hat sich das mit dem Kreuz, den Ritualen, dem Corporate Design anhand von Ornaten, Mitra und Bischofsstab nicht irgendein Priester oder gar der Bischof von Rom selbst beim Spaziergang durch die vatikanischen Gärten ausgedacht, sondern die Kirche hatte Lehrmeister, von denen sogar die unseligen Braunhemden im letzten Jahrhundert Gruß und Rituale gestohlen haben. Die Römer waren Markentechniker mit Machtbewusstsein, wovon der römische Adler und die Ruinen der Jupitertempel heute noch Zeugnis ablegen. Doch auch sie waren nicht die Ersten. Man kann bis zu den Tontafeln der Sumerer im alten Mesopotamien zurückgehen oder sogar zu den Höhlen der Steinzeitmenschen, wo Zeichnungen von Bisons und Rentieren an den Felswänden eben nicht nur Zierrat waren, sondern wie das Kreuz eine Botschaft beinhalteten. Dies habe ich in meinem Buch »Die Marke ist die Botschaft« bereits dargestellt. Es war wieder einmal K. A. Disch, der in seinem Vortrag vom 24. August 1995 in Rüschlikon/Zürich, basierend auf einem Gespräch mit dem Anthropologen Rolf W. Schirm, eine viel tiefgreifendere Erklärung für die geheimnisvolle Wirkungsweise der Marke fand. Erst dadurch wurde mir bewusst, was Domizlaff meinte, als er von den Naturgesetzen der Marke sprach.

Markentechnik gehört zu den Grundbedingungen des Lebens

Ich möchte ausnahmsweise einmal ausführlich aus diesem Artikel von Wolfgang K. A. Disch im *Marketing Journal 1995* zitieren:»Das Markenzeichen wurde nicht erfunden. Es war schon da, lange bevor der Mensch diesen Planeten betrat. Denn es gehört zu den Grundbedingungen des Lebens. Leben ist eine Frage der Fähigkeit zur Verarbeitung von Informationen. Leben ist eben nicht nur eine Frage der Erfüllung bestimmter biochemischer Voraussetzungen, die lange Zeit allein im Vordergrund der Erforschung des Rätsels Leben standen. Alle Lebewesen werden aus ihrer Umwelt ständig mit Milliarden von Signalen bombardiert. Kein neutraler Apparat – auch nicht ein so komplizierter wie das menschliche Gehirn – könnte eine solche Informationsmenge verarbeiten. Zum Überleben auf jeder Stufe der Evolution gehört also die Fähigkeit, aus diesem überwältigenden Informationsangebot die wenigen lebenswichtigen Signale herauszufiltern, die verarbeitet werden können. Das ist aber nur möglich, wenn die lebenswichtigen Signalmuster bekannt sind, damit sie aus dem diffusen Angebot wieder erkannt und sich aus diesem herausselektieren lassen.«

Leben ist nur in einer verlässlichen Welt möglich

»Eine der faszinierendsten Erkenntnisse der Evolutionsbiologie ist die Einsicht, dass Leben nur in einer verlässlichen Welt möglich ist – in einer Welt, in der die Bedeutung bestimmter Signalmuster zuverlässig gleich bleibt, wann und wo man sie antrifft. Signalmuster mit verlässlich gleich bleibender Aussage – ist das nicht die Definition der Marke?« So Wolfgang K. A. Disch in seinem bewundernswerten Artikel. Er zeigte darin anschließend auf, dass zum Beispiel die Zeichen einer Sonnenblume, bestehend aus brauner Scheibe mit goldenen Blättern, den Vögeln sagen, dass bekömmliche Nahrung bereitsteht. Die Marke sagt uns in einer vieldeutigen Welt von Signalen, dass man ein Angebot bekommt, dem man vertrauen kann. Da weiß man, was man hat, war einmal ein Slogan für den VW, der dann von einem Waschmittelhersteller übernommen wurde. Menschen wollen vertrauen können. Der Wunsch nach verlässlichen Signalen ist tief im Menschen verwurzelt und danach handelt auch der Mensch als Konsument. Und deswegen ist auch das Gerede, das von Zeit zu Zeit aufkommt, nämlich dass Marken zum Beispiel bei jungen Leuten nicht mehr so gefragt sind, Unfug. Mal abgesehen davon, dass die Markengläubigkeit eher gestiegen als gefallen ist, entpuppt sich solches Gerede meist nur wieder als Versuch, sich aus den Zwängen der Markentechnik zu befreien.

Marken können heute systematisch gezüchtet werden

In der Gründerzeit und nach dem Ersten Weltkrieg kam die Regel auf, dass man mit seinem guten Namen die Herkunft des Produkts und seine Qualität erklärte. (Nach dem Ersten Weltkrieg wurde sogar im Versailler Vertrag geregelt, dass Waren aus Deutschland mit »Made in Germany« zu kennzeichnen waren. Was als Diskriminierung gedacht war, wirkte sich dann als Supermarke aus und wurde zum Gütebegriff.) Bis in die dreißiger Jahre des 20. Jahrhunderts geschah die »Markenwerdung« eher zufällig, bis dann mit Domizlaff eine Philosophie und einige Gesetze da waren, die alles erklärten. Heute wissen wir, warum Marken unter welchen Bedingungen erfolgreich sind. Natürlich ist der Erfolg mit Kapitaleinsatz verbunden, aber man kann sich bereits vorher ausrechnen, wann der »Return on Investment« eintreten muss, und auch dies ist bei den Strategiezielen zu berücksichtigen. Der Erfolg ist also, vorausgesetzt, Sie befolgen die Grundregeln der Markenführung, mit hoher Wahrscheinlichkeit voraussagbar, und Sie müssen Ihre Marke eigentlich nur noch vor Dilettanten schützen. Sorgen Sie also dafür, dass es in Ihrem Haus genügend »Freunde der Marke« gibt, jemand die Wächterfunktion übernimmt und dass bei der Markenstrategie nicht vergessen wird, dass die Personalstrategie dazugehört. Sie haben ja gesehen, dass das Äußere vom Inneren zeugt.

Was Sie von Homer und dem Trojanischen Krieg lernen können

Doch wie kommt man nun zu einer Marke, die den Erfolg bringt? Kurz: Sie brauchen eine Botschaft, die unwiderstehlich ist, weil sie wahr ist und obendrein gewünscht wird. Dazu eine Geschichte, die am Anfang unserer europäischen Kultur steht. Es begann vor 2800 Jahren irgendwann an einem freundlichen Maitag, gegen die Mittagszeit, als der alte Homer unter einem Olivenbaum lag und schläfrig in die Sonne blinzelte. Während er dabei einen gelungenen Lammbraten verdaute, fiel ihm die Geschichte vom Trojanischen Krieg ein, und dies hatte Folgen. Zugegeben, es ist keine moralische Geschichte, doch sie beinhaltet einige allgemeine Lehren zur Lebensführung, aber auch eine besondere Erkenntnis zur Markentechnik, was diese kleine Abschweifung entschuldigen mag. Ganz vordergründig zeigt die Ilias zum einen, dass die Wahl der Schönsten nie ohne Problem ist, besonders wenn es sich um Göttinnen handelt. Zum anderen, dass man die Gastfreundschaft nicht missbrauchen darf, sosehr einem die Gastgeberin gefällt. Schließlich hat das Techtelmechtel des Königssohns Paris zum zehnjährigen Trojanischen Krieg geführt. Im Besonderen aber zeigt diese Geschichte, dass ein wahrer Kern jene Unwiderstehlichkeit besitzt, die ich anfangs gefordert habe. Als Homer sich diesen herrlichen Schmöker ausdachte, waren das Bücherregal mit der Bibel und dem Zweitbuch noch gänzlich unbekannt. Und doch wurde die Ilias zu einem Bestseller, den man noch heute gerne liest.

Jede Markenbotschaft ist aus dem Markenkern zu entwickeln

Warum begeistert uns heute noch diese unmoralische Geschichte über Ehebruch, Mord, Eitelkeit und Dummheit? Warum entwickelte sich aus ihr die hellenistische Kultur, die dann Alexander der Große bis ans Ende der damaligen bekannten Welt trug? Weil sie den Griechen absolut glaubwürdig erschien, und wie Schliemann später bestätigte, vielfach glaubhaft war. Denn an der gleichen Stelle, wo Schliemann Troja fand, gab es in unterschiedlichen Zeitepochen mehrere Trojas übereinander. Die Geschichte hatte also einen wahren Kern und sie kam den sehnsüchtigen Träumen entgegen, die man sich in der damaligen Zeit an den Herdfeuern vortrug. Sie erfüllte also ein tiefes Bedürfnis. Immer dann, wenn man wirklich eine Botschaft für die Welt hat und sie spannend erzählen kann und an vielen Herdfeuern oft genug wiederholt, wird daraus eine Erfolgsstory. Und nicht anders ist es mit der Markenbotschaft. Sie muss aus dem entstehen, was der Markenkern beantwortet:»Das hast du davon, wenn ...« Und sie sollte in eine Kultur eingebettet sein, die durch viele Maßnahmen belegt wird. Eine Kultur, die zu einem gemeinsamen Band bei den Mitarbeitern und den Konsumenten führt. Die Markenbotschaft ist also eine Antwort auf die bewussten oder unbewussten Sehnsüchte und Wünsche der Zielgruppen. Wenn Sie dies umsetzen können, entstehen Marken, die über Jahrzehnte Bestand haben und die sich als Markenwesen den veränderten Zeitläufen anpassen.

Niemand will ein Image kaufen – warum reden dann alle so viel vom Image?

»Wir brauchen ein besseres Image!«, sagt der Vorstand. Jedes Mal schaut man mich dann verschwörerisch an, als hätte ich irgendein geheimnisvolles Pülverchen im Koffer, das flugs von den Kopfschmerzen befreien kann. Mir ist das Wort herzlich verhasst, denn irgendwie impliziert es, dass man den Leuten nur etwas vorgaukeln muss, damit sich der Erfolg einstellt. Ich habe dann immer Falstaff vor Augen, diesen dickbäuchigen Prahlhans, der auf Teufel komm raus herumschwadroniert und die Leute mit irgendwelchen Geschichten vom Goldland prellt. Deshalb bevorzuge ich das Wort »Identität«. Selbst in dem Fall, wenn man emotional positionieren muss, also einen emotionalen Nutzen in den Mittelpunkt stellt wie das Wohlgefühl, das die Underberg-Fee durch geheimnisvolle

Kräuter herbeizaubert. Der Markenkern muss also nicht nur zu einem wahren Versprechen führen, sondern auch glaubwürdig begründet sein und akzeptiert werden. Und zu kompliziert sollte das Ganze natürlich auch nicht werden, denn wenn eine Botschaft in zwei Sekunden nicht »rüberkommt«, wie Kroeber-Riel es uns gelehrt hat, war die ganze Arbeit für die Katz. Wenn ich Identität verkaufe, muss diese auf Realität beruhen. Das größte Kapital der Marke ist das Vertrauen, das man ihr entgegenbringt. Also kann ich mit der Marke nichts »verkaufen«, was diese nicht einhalten kann. Als wir Rover Financial-Services im Auftrag von BMW weltweit positionieren sollten, stellten wir fest, dass die Finanzdienstleistung bei Rover eine erheblich größere Rolle spielt als bei BMW. Wer einen BMW haben will, lässt sich kaum von verlockenden Finanzangeboten beeinflussen. Die Bindung zwischen Käufer und der Marke ist überaus stark, fast wie eine Weltanschauung.

Diese Bindung an Rover war nicht so extrem. Die Finanzdienstleistung spielt bei der Entscheidung pro Rover also eine größere Rolle. Der Markenkern wurde nach unserer durch Tests abgesicherten Positionierung von den Motiven Individualität, Freiheit und Sicherheit dominiert. Also setzten wir Rover Financial-Services als »Schlüssel zur Freiheit und Unabhängigkeit« um. Wir mussten eine Bildsprache finden, die sowohl in Kapstadt als auch in Toronto, Rom oder Berlin verstanden wird. In dem Keyvisual der »Schlüsselübergabe« gelang uns ein weltweit verständliches Schlüsselsignal für die Marke. Unser Nutzenversprechen hieß deswegen auch weltweit »A good deal better«. Marken sind die besten Freunde der

Verbraucher. Sie funktionieren nur, wenn sie ehrlich sind. Identität ist kein Kasperletheater, sondern pure Realität. Identität macht nichts vor, sondern ist, wie sie ist. Deswegen sollten wir Markenstrategen das Wort Image aus unserem Wortschatz streichen.

3. Grundregel der Markentechnik:
Begreifen Sie die Marke als lebendiges Wesen mit einem unverwechselbaren Charakter.

4. Grundregel der Markentechnik:
Das Markenprofil ist ein Identitätsprofil, das aufzeigt, wofür die Marke steht.

5. Grundregel der Markentechnik:
Das Markenprofil ist eine Antwort auf Sehnsüchte und Wünsche der Käufer.

C WIE CHARAKTER

DER KATEGORISCHE IMPERATIV IN DER MARKENTECHNIK

Die Aufgabe des Markentechnikers besteht darin, die Marke zu einer eigenständigen Persönlichkeit zu entwickeln oder diese Persönlichkeit vor Schaden zu bewahren. Dies liest sich einfach. Aber es ist eine Verantwortung, die der des Gesetzgebers nicht viel nachsteht. Wenn man dies alles sehr ernst nimmt, dann wird schon klar, warum Markentechniker Leichtfertigkeit, Aktionismus und Unehrlichkeit in der Markenführung verurteilen. Wenn ich solche Verbrechen bemerke, lege ich sofort die Arbeit nieder. Sie würde ohnehin zu keinem vorzeigbaren Ergebnis führen. Wenn man die Marke als lebendes Wesen versteht, wird auch verständlich, dass in der ersten Phase der Markenwerdung der Charakter der Marke festzulegen ist. Er soll unverwechselbar und wenn es geht – zumindest im Marktfeld der Marke – einzigartig sein. Gerade in Märkten des Massenkonsums ist dies nicht immer ganz einfach. Aber wenn Sie nicht zu einem eigenständigen Markencharakter finden, gibt es, wenn Sie ehrlich zu sich selbst sind, auch keinen Grund, warum der Markt die

Marke annehmen soll. Bisher ist es mir immer gelungen, eine solche unverwechselbare Markenpersönlichkeit zusammen mit dem Kunden herauszuarbeiten. Es gab Klienten, mit denen schafften wir es in wenigen Stunden, bei anderen dauerte es ein paar Wochen. Die Persönlichkeit der Marke wird durch ein Soll-Identitätsprofil definiert. Hierüber herrscht immer sehr schnell Klarheit. Das Problem tritt auf, wenn das Markenprofil zum Markenkern verdichtet werden soll.

Denn natürlich verlangt diese Arbeit eine schonungslose Ehrlichkeit zu sich selbst, worin nun wirklich die Kompetenz der Marke besteht. Und am liebsten möchte der Kunde sowohl in der Qualität, im Service und in der Sicherheit einzigartig sein und auf kein Nutzenversprechen verzichten. Wenn man dann zu sehr nachgibt, wird der Charakter der Markenpersönlichkeit so »schwammig«, dass niemand besonders heiß darauf ist, eine solche Persönlichkeit kennen zu lernen.

Das Markenprofil verrät viel über die Markenmacher

Marken sind Zeichen des Vertrauens, deswegen ist Integrität auch und gerade in der Anfangsphase der »Markenwerdung« unumgänglich. Ich habe die Erfahrung gemacht, dass man mit »Rabauken« keine Marken machen kann. Unter diesen »Rabauken« waren Leute, die ich eigentlich sehr nett fand und geschätzt habe, die aber den Erfolg als alleinigen Maßstab ihres Handelns ansetzten. Ich habe nun wirklich nichts gegen Erfolg, im Gegenteil.

Er darf aber nicht um jeden Preis zum Selbstzweck werden. Wenn ich dann analysierte, warum mich diese Leute überhaupt geholt hatten, so musste ich feststellen, dass man mich als Feigenblatt missbrauchen wollte. »Wir wollen zur starken Marke werden, deswegen haben wir uns einen Markentechniker geholt.« Und der Markentechniker sollte dann das Unmögliche möglich machen, obwohl die Marke kein einzigartiges Nutzenversprechen besaß und man obendrein noch mit einem sensationellen Preisvorteil kommen wollte. Nun, wenn man dreißig Jahre Marken macht, erlebt man so allerhand. Doch zu Ihrer Beruhigung kann ich sagen, dass Markenleute es in der Regel mit der Integrität sehr genau nehmen.

Marken ziehen Menschen mit Charakter an und diesen bringen sie in die Marke ein. Das Markenprofil kann deswegen auch eine Psychostudie des Markenführers sein. Als Soll-Identitätsprofil ist es vergleichbar mit der Charakterstudie eines Bewerbers. Ein guter Personalchef fasst in ihr auch die hervorstechenden Charaktereigenschaften zusammen. Nicht anders ist es beim Soll-Identitätsprofil. Es zeigt, ob die Marke dem Markt folgt oder ihn prägt, ob sie aggressiv oder harmoniesuchend ist, ob sie Nummer eins ist oder werden soll, ob ein Nutzenversprechen vorhanden ist und welches, ob die Mitarbeiter motiviert sind oder werden sollen und ob und wie der Handel in die Markenpolitik einzubinden ist. Es regelt Gegenwart und Zukunft und ist der Kompass für den Markenführer und Markentechniker. Ob dieses Markenprofil nur Papier bleibt oder tatsächlich den Weg der Marke bestimmt, regelt die Markenführung, sei es nun der Vorstand oder ein Markenmanager. Er muss dafür sorgen, dass entsprechende Anweisungen in Maßnahmen münden, die das Markenprofil durchsetzen.

Wer nicht weiß, wonach Sie handeln, wird Sie kaum kennen lernen wollen

Eine Marke steht für bestimmte Werte. Eigentlich selbstverständlich, dass diese den Zielgruppen bekannt gemacht werden müssen. Aber die wenigsten Marken tun dies. Jedenfalls nicht in ausreichender Form. Warum dies so ist, kann ich auch nur vermuten. Vielleicht weil man glaubt, dass außer Unterhaltung ohnehin nichts mehr interessiert und die Leseschwäche das Ausmaß einer Epidemie angenommen hat. Vielleicht hat man auch nur nicht genug über die Probleme der Zielgruppen nachgedacht. Aus dem Markenprofil sollten Gesetze abgeleitet werden, die das Selbstverständnis der Markenpersönlichkeit aufzeigen und ihr Verhältnis zum Kunden.

Diese Gesetze geben dann die Leitlinien für die Marketinginstrumente vor. Es werden verbindliche Vorgaben für die Produktion, Produktentwicklung, den Service, für die Qualitätskontrolle, aber auch für die Darstellung der Marke und die Argumentation beim Kunden durch den Außendienst abgeleitet. Um Druck zur Durchsetzung dieser Markengesetze nach innen auszuüben und zum anderen, um dem Kunden die Vorteile darzustellen, empfiehlt es sich, die Markengesetze auch in den Werbematerialien und im Internet zu veröffentlichen. Die Kunden sollen wissen, was die Marke auszeichnet und worin denn nun der berühmte Mehrwert der Marke besteht. Die

Markengesetze beantworten also, was der Kunde davon hat, wenn er sich für die Marke entscheidet. Sie werden bald feststellen, dass allein diese Maßnahme erst einmal die Mitarbeiter und dann den Umsatz beflügelt.

Entwickeln Sie aus der Marke eine kraftvolle Ideologie

Es gibt Marken, die eine Kultur und Lebensauffassung verkörpern. Coca-Cola, Marlboro, Gitanes, VW-Käfer, Swatch, McDonald's und Harley Davidson sind Namen, bei denen die Ideologie genauso wichtig ist wie das Produkt selbst. Der Smart, der anfangs so »rumpelte«, kann auch zu so einem Kultprodukt werden. Nun brauchen Sie nicht zu verzagen, wenn Sie beim besten Willen nicht gleich erkennen können, wie und warum gerade Ihre Marke zu einer derartigen Ausstrahlung kommen kann wie die oben aufgeführten Marken. Es lässt sich mit Geduld und systematischer Markenführung erreichen, dass Sie bei Ihrer Zielgruppe in der Wertschätzung auch »Kultstatus« bekommen. Nämlich indem die Erwartungen der Zielgruppen in den Markengesetzen beantwortet und durch die Leitlinien in den Maßnahmen auch wunschgerecht umgesetzt werden.

Wie entsteht nun eine Geisteshaltung, die zu außerordentlichen Leistungen im Unternehmen und zur hohen Identifikation der Kunden mit der Marke führt?

Frei nach Nietzsche:
Die ständige Wiederkehr des Gleichen

Leider ist es nicht damit getan, schöne Leitlinien zu formulieren und sie als Broschüre im Unternehmen zu verteilen. Selbst wenn sie gelesen würden, sind sie spätestens nach vier Wochen vergessen. Wann hört der Mitarbeiter am aufmerksamsten zu, wenn ihm etwas über das Unternehmen und die Marke erzählt wird? Bei der Einstellung natürlich, und auch der monatliche Gehaltsstreifen bekommt eine halbwegs ungeteilte Aufmerksamkeit. Deshalb sollte man im Einstellungsgespräch dem Bewerber die Idee der Marke und das geistige Band im Unternehmen erklären. Man kann dies verstärken, indem man mit dem Gehaltsstreifen Erläuterungen zu den Markengesetzen mitschickt. Die Liebe zur Marke und deren Bedeutung muss in einem permanenten Kommunikations- und Erziehungsprozess verinnerlicht werden. Benutzen Sie dabei nicht nur den Finger, sondern die ganze Hand. In allen Kommunikations- und Beeinflussungsmaßnahmen sind wieder und wieder die Markenbotschaft und die dahinter steckenden Markengesetze zu veranschaulichen. Zu den Maßnahmen zähle ich auch Workshops, in denen die Kernidee der Marke beziehungsweise deren Durchsetzung ständig diskutiert und immer wieder neu miterlebt werden kann. Auch so genannte Markentafeln, die jeden Monat wechseln und ständig die Markengesetze und Leitlinien erläutern, gehören zu den bewährten und hilfreichen Beeinflussungsmaßnahmen. Plakatwände rund ums Unternehmen können den Mitarbeiter auf den Weg zu und von der Arbeit die Markenidee wieder einmal nahe bringen.

Stellen Sie in Führungsworkshops die Aufgabe: »Wie erreichen wir, dass die Mitarbeiter stolz auf unsere Marke sind? Wie kriegen wir bei uns einen Geist, der zu mehr Selbstverantwortung und zur Identifikation führt?« Und die jungen Mitarbeiter üben mit einer Juniorfirma und mit einer eigenen Marke, die sich dem Markt mit eigenen Ideen und entsprechendem Instrumentarium stellt. Dies kann bis zu einer tatsächlichen Produkteinführung beziehungsweise einer eigenen Juniormarke führen. Wenn hier sehr viel von der internen Durchdringung der Markenidee die Rede ist, so deswegen, weil Marken nur von innen heraus entstehen können.

6. Grundregel der Markentechnik:
Das Markenprofil muss ehrlich, glaubwürdig und nachvollziehbar sein.

7. Grundregel der Markentechnik:
Setzen Sie das Markenprofil in Markengesetze und Leitlinien um.

D WIE DIAGNOSE

DAS ORAKEL VON DELPHI
IST IMMER NOCH KONKURRENZLOS

»Nun sagen Sie mir doch mal, wie sehen Sie unsere Marke?« Kaum habe ich am Konferenztisch Platz genommen, kommt diese Frage. Ich blicke dann in neugierige oder sehnsüchtige Augen und nun wird von mir erwartet, dass ich entweder einen Erfolg versprechenden Tipp gebe, der gern angenommen wird, weil er nichts kostet, oder dass ich den Zustand der Marke in den höchsten Tönen lobe. Tatsächlich erhalte ich oft Einladungen zu einem Besuch, der nur dazu dient, dass ich entweder die Absolution für die geleistete Markenarbeit erteile oder aber als Milchkuh diene, die von Zeit zu Zeit kostengünstig zu melken ist. Meine Reaktion ist dann, dass ich wie betäubt zurückstarre und, wenn ich mich von der Frage und den Erwartungen erholt habe, mit einem Achselzucken antworte. Denn trotz dreißigjähriger Markenpraxis habe ich es immer noch nicht geschafft, der Pythia Konkurrenz zu machen, und ich habe mittlerweile meine Zweifel, dass ich es in diesem Metier noch zu etwas bringen werde.

Delphi hat den richtigen Rat für Sie

Trotzdem ist das mit dem Hinweis auf Delphi nicht so ganz unbeabsichtigt, denn schließlich stand auf dem Giebel des Apollotempel in goldenen Lettern »Erkenne dich selbst« und damit sind wir bei der Frage, die am Anfang jeder Markenstrategie steht. Wie ich die Marke »sehe«, kommt auf den Markenkern an, und deshalb muss ich wissen, wie die Marke funktionieren soll.

Am Anfang der Arbeit, sei es nun für einen Neuaufbau oder einen Relaunch, steht die Markenbilanz. Ich muss wissen, was die Marke kann oder können sollte. Vorher kann ich auch nicht sagen, ob sie richtig arbeitet oder eine Chance hat, richtig zu arbeiten. Denn leider hat die paradiesische Eva uns eingebrockt, dass wir unser Brot im Schweiße unseres Angesichts verdienen müssen und nicht faul unter dem Apfelbaum liegen können.

Definiere die Persönlichkeit der Marke

Nur durch eine schonungslose Bestandsaufnahme wird die Markenleistung sichtbar. Dies ist mit viel Arbeit und Mühe verbunden und manchmal versteige ich mich zu der Behauptung, dass unsere Arbeit den Taten des Herkules nicht viel nachsteht. Denn oft genug ist ein Augiasstall an falschen Vorstellungen auszuräumen. Um hier recht schnell zu Ergebnissen zu kommen, habe ich innerhalb unseres New-Branding-Systems etwas entwickelt, was ich als Faden der Ariadne bezeichne und was mich durchs Labyrinth führt und zur Logik und Disziplin zwingt.

Natürlich analysiere ich Firmengeschichte, Qualität – also Produktleistung –, Service, Qualitätskontrolle usw. und versuche dann den USP (Unique selling proposition) festzulegen. Reason why (Begründung) und Benefit (Vorteile) – und damit soll Schluss sein mit dem Werbekauderwelsch – gehören auf den Prüfstand. Dies geschieht durch einen Workshop zusammen mit dem Kunden. Bei der Bestimmung des Markenkerns muss der Kunde »mit im Boot sein«, sonst wird statt der Markenkernbestimmung nur zu schnell eine Markenmaske entwickelt, die nach kurzer Zeit wieder zerbricht. Der Kunde muss sich schließlich mit dem Markenkern identifizieren, ihn vertreten und vorleben. Aber es wäre falsch, bei der Erarbeitung des Markenkerns auf den externen Profi zu verzichten.

Wie jede Profession verlangt auch die Positionierung Professionalität, und die bekommt man nur durch sehr viel Übung. Schließlich tut eine gute Markenagentur nichts anderes, als sich um den Markenkern zu kümmern.

Die W-Fragen als Basis verantwortungsvoller Markenarbeit

Die Frage habe ich zum ersten Mal von Bernd Michael, dem Chairman der Markenagentur Grey, gehört, der sicher zu den besten Markenmännern in Deutschland zählt: »Was würde passieren, wenn es die Marke XY plötzlich nicht mehr gäbe?« Im Markenworkshop pflege ich mit dieser Frage jede Gemütlichkeit zu vertreiben. Wenn ich dann noch mit der zweiten Frage nachstoße: »Würde tatsächlich ein echter Mangel auftreten oder nur die Konkurrenz bessere Geschäfte machen«, ist die Stimmung im Keller. Vor allem, wenn ich dies mit der Bemerkung kommentiere: »Wenn die Marke verschwinden kann, ohne ein Mangelgefühl auszulösen, hat sie auch keine Daseinsberechtigung.« Denn natürlich würde eine Marke mit einer klaren Positionierung eine Lücke im Markt hinterlassen. Nehmen wir nur das Beispiel BMW. Für die »Freude am sportlichen Fahren« gäbe es kein anderes und so großartiges professionelles Angebot. Das Fehlen von BMW würde also jeder merken. Dieses Mangelgefühl kann durchaus emotionaler Art sein, denken Sie an die Positionierung »King of the Road« von Scania.

Die Fragen, die ich in dem Markenworkshop diskutiere, sind einfach, aber elementar:

1. Wer sind wir?
2. Warum sind wir da?
3. Worin liegt unsere Begründung?
4. Was können wir (besser)?
5. Worauf sind wir stolz?
6. Was unterscheidet uns?
7. Wie ist unser Ruf?/Wie sollte er sein?

Die Beantwortung dieser »W-Fragen« führt zum Markenprofil und zum Markenkern. Immer? Ich habe noch keinen Fall erlebt, in dem wir schließlich nicht den Markenkern auf dem Flipchart stehen hatten. Es wird aber immer schwierig, wenn man die Positionierung nicht mehrdimensional, sondern eindimensional anlegen will. Je kürzer und eingängiger der Markenkern ist, desto schneller wird er natürlich gelernt. Der Markenkern soll glaubwürdig die Kompetenz belegen und eine Abgrenzung zu den Konkurrenten darstellen. Man muss sich schon entscheiden, ob die Kompetenz im Feld Sicherheit, Wirtschaftlichkeit oder Prestige liegt. Alle drei Komponenten belegen zu wollen, führt nicht nur zu Lern-, sondern auch zu Glaubwürdigkeitsproblemen. Der Markenkern beantwortet die Sinnfrage der Marke. Nur wenn hier eine überzeugende Antwort gefunden wird, bekommt die Marke eine Seele und wird zum Markenwesen.

Von der anderen Seite auf die Marke schauen

In vielen Fällen ist der Markentechniker auf das selbstkritische Urteil des Unternehmers beziehungsweise dessen Führungspersonals angewiesen. Und immer sind die Qualität gut und der Service hervorragend und die Marke der erklärte Liebling des Handels. Das Außenbild kann da manchmal ganz anders aussehen als die selbstzufriedene Innenansicht. Das Selbstbildnis ist also mit dem Fremdbildnis zu vergleichen. Welche Ansichten und Erwartungen haben die Kunden und Nichtkunden von der Marke? Löst der definierte Markenkern ein Problem des Kunden? Entspricht er den Erwartungen, Sehnsüchten und Wünschen? Um dies herauszubekommen, wird man in der Regel nicht an einer Marktforschungsuntersuchung vorbeikommen. Da ich die Antwort oft genug geben musste: Nein, nicht in jedem Fall ist eine solche, zugegebenermaßen nicht ganz billige Untersuchung notwendig. Es kommt immer darauf an, wie der Markenkern definiert wurde und wie groß die Abgrenzung zur Konkurrenz ist. Aber wenn es um Ihren wertvollsten Besitz geht, sollten Sie Ihre Nerven schonen, indem Sie sich die Gewissheit verschaffen, dass der Markenkern und seine Kompetenz eine Antwort auf die Wünsche und Erwartungen Ihrer Kunden ist.

Markenpositionierung ist ein heruntergekommenes Handwerk

Da bei jeder Markenstrategie nicht nur die eigene, sondern auch die Fremdpositionierungen zu untersuchen sind, bekommt man einen guten Überblick über die Professionalität in der Markentechnik. Es ist leider nicht mehr die Regel, dass eine Marke in der veröffentlichten Kommunikation eine Positionierung aufweist, sondern eher die Ausnahme. Mag durchaus sein, dass die Marken positioniert wurden, aber in der Umsetzung wurde der Markenkern entschieden missachtet, und der kreative Wahnsinn ist von der Agentur auf den Kunden übergesprungen, und der fand die Anzeigenkonzeption dann auch sehr witzig und neu und aufregend. Wenn nach einiger Zeit die Marke anfängt zu schwächeln, kommt niemand darauf, dass die fehlende Positionierung zum Totengräber wurde, und man kündigt den Agenturvertrag und sorgt für weitere Totengräber. Das früher selbstverständliche Handwerk ist bei dem Gerede über den Unterhaltungswert von Anzeigen und Werbespots ein wenig in

Vergessenheit geraten. Aber da die schöne, kleine Werbewelt sich dauernd neuen Trends hingibt, kann es gut sein, dass sich diese Mode wieder ändert und die Werbewelt vielleicht in ein paar Jahren vom »Fieber der Markentechnik« geschüttelt wird.

Manche Chancen hat man nur einmal im Leben

Die großen Chancen wiederholen sich in der Regel nicht so häufig. Man muss schon zupacken, wenn man eine Chance erkennt, und meistens muss man dazu die Ärmel hochkrempeln. Wenn Sie also feststellen, dass Ihre Konkurrenten ihren Markenkern nicht zeigen, also ihre Existenzberechtigung den Kunden nicht vermitteln, dann sperren Sie sich mit einem Markentechniker in ein »stilles Kämmerlein« und kommen Sie mit ihm erst wieder heraus, wenn Sie wissen, warum Ihre Kunden Ihre Marke kaufen müssen. Und dann leisten Sie sich einen Angriffsetat und platzieren die Markenidee in die Köpfe Ihrer Zielgruppen. Sie werden recht bald feststellen, dass die Beantwortung der Frage »Warum?« unendlich wirksamer ist, als die Beschäftigung mit dem »Wie«, also die unterhaltsame Inszenierung der Marke.

8. Grundregel der Markentechnik:
Komprimieren Sie das Markenprofil zum Markenkern.

9. Grundregel der Markentechnik:
Der Markenkern zeigt den einzigartigen Nutzenvorteil,
also die Kernkompetenz der Marke.

10. Grundregel der Markentechnik:
Definieren Sie den Markenkern einfach, unmissverständlich und eindimensional.

11. Grundregel der Markentechnik:
Versuchen Sie der Erste zu sein, der sich eindeutig positioniert – wenn Sie der Zweite sind, müssen Sie zeigen,
warum Sie bald der Erste sein werden.

12. Grundregel der Markentechnik:
Die Kernkompetenz muss mit den Erwartungen und
Wünschen der Kernzielgruppe übereinstimmen.

E WIE ERFOLGE

DIE MARKENERFOLGE
KOMMEN AUS DEM MARKENKERN

Es ist keine besonders originelle Erkenntnis, wenn ich sage, dass nur Dinge, die mit dem Herzen getan werden, zum Erfolg führen. Wenn keine Leidenschaft dabei ist, wird aus der Marke kein Wesen, das lebt und fasziniert. Schon gar nicht kann sie Leidenschaft bei den Käufern wecken. Ein Grund, warum so viele Markeneinführungen scheitern, ist der, dass die Produkte kein Herz mitbekommen haben. Sie haben kein Herz, weil kein Markenkern definiert wurde. Jahr um Jahr gehen, insbesondere im Lebensmittelmarkt, Millionen an Investitionen verloren, nur weil man nicht genügend darüber nachgedacht hat, was der Kunde davon hat, wenn er die Marke kauft.

Der Markenkern als Herzstück
der Markenstrategie

Der Markenkern enthält die Antwort auf das »Warum«. Wie wir gesehen haben, sollte sie einzigartig sein, zumindest ein Unterscheidungsmerkmal liefern, das glaubwürdig ist und die Kompetenz ausdrückt und von den Zielgruppen auch noch hoch geschätzt wird. Sie haben gesehen, dass die Arbeit deshalb so schwierig ist, weil sie auch eine Entscheidung verlangt, worin man nun einzigartig ist. Am besten, Sie stellen sich die Marke als einen Menschen vor, der eine Sache gut kann und mit Leidenschaft verfolgt und bei anderen Dingen eher im Durchschnitt liegt. Klar, dass es sich nur lohnt, darüber zu sprechen, worin der Mensch gut ist.

Bei einer Analyse des Lastkraftwagenmarktes stellten wir fest, dass nur zwei Marken eine klare Positionierung aufwiesen, aber die Mehrheit der Anbieter durch wechselnde Botschaften dafür sorgte, dass sie für alles und nichts standen. Volvo belegte eindeutig und geradezu mustergültig den Markenkern »Sicherheit«, und Scania positionierte sich emotional mit der Markenbotschaft »King of the Road«. Kein Wunder, dass diese beiden Marken sehr erfolgreich sind. Was man daraus lernen kann? Senden Sie einfache Wahrheiten. Belegen Sie Positionierungsfelder, die leicht gelernt werden können. Volvo steht für Sicherheit, Zeiss für Präzisionsoptik, Nivea für Pflege. Je genauer, je enger gefasst und je einfacher Sie die Kompetenz definieren, umso erfolgreicher wird die Marke sein.

Hüten Sie sich vor zu großem Hunger

Es ist zugegebenermaßen schwierig, der Versuchung zu widerstehen, unter einem bekannten Markennamen möglichst viele Produkte anzusiedeln. Vielleicht fällt Ihnen dazu der Name des französischen Modeschöpfers Pierre Cardin ein, dessen Marke noch in den achtziger Jahren für Luxus und Modekompetenz stand? Dann warf man unter dem Markennamen noch Lederwaren, Parfum, Champagner und vieles andere auf den Markt und selbst in der Mode war man nun nicht mehr nur im Premiummarkt zu Hause. Der Unternehmenskasse hat dies sicher gut getan, aber die exklusive Luxusausstrahlung hatte doch gewaltig gelitten. Je breiter die Marke gespreizt wird, je mehr Kompetenzbereiche sie abdecken muss, desto mehr verschwimmt das Markenimage. Eine Marke kann in der Regel nur für ein Kompetenzfeld stehen. Eine fremde Kompetenz einfach auf eine Marke mit hohem Bekanntheitsgrad »draufzusatteln«, beschädigt den Markenkern und unterhöhlt die Glaubwürdigkeit. Gefährlich wird es, wenn man im Luxusmarkt positioniert ist und mit der gleichen Marke auch den Mittelpreisbereich »abfischen« will. Das Ansehen der Marke schwindet und sie verliert im exklusiven Stammmarkt.

Abenteuerlich ist es, aus einer Mittelpreislage in den Luxusmarkt vorstoßen zu wollen. Einige bekannte Automarken sind zurzeit dabei, diese Gesetze der Markentechnik auf ihre Belastbarkeit abzutesten.

Die ethischen Grundsätze zur Markenführung

Ich bin schon darauf eingegangen, dass die Marke ein ehrliches Angebot ist, wenn sie erfolgreich sein soll. Auch wenn der Wettbewerb zum Krieg geworden ist und manche die Ansicht vertreten, dass im Krieg alles erlaubt sei. Aber die Geschichte lehrt, dass unerlaubte Mittel auf den zurückfallen, der damit begonnen hat. Es begann mit Coventry und endete mit Dresden. Ich bin für ethische Grundsätze in der Unternehmens- und in der Markenführung, was nicht das Gleiche ist und manchmal zu Problemen führt, wie am Beispiel der französischen Modemarke sichtbar wurde. Faith Popcorn, die berühmte amerikanische Trendforscherin, sagt voraus, dass zukünftig die Unternehmen besonders erfolgreich sein werden, die sich moralisch und gesellschaftsdienlich verhalten. Der Verbraucher ist kritischer geworden und verlangt von den Unternehmen einen Beitrag zum Gemeinwohl. Marken sind das Produkt einer Geisteshaltung, die Ehrlichkeit und Vertrauensbildung zum Mittelpunkt hat. Der Markenkern und das daraus resultierende Markenversprechen müssen das erfüllen, was der Verbraucher erwartet. Ein Verstoß gegen diesen Grundsatz oder bereits der Eindruck, dass ein Verstoß vorliegt, führt zur Katastrophe, wenn nicht schnell, ehrlich und schonungslos gehandelt wird. Brillant war es, wie Mercedes auf den »Elchtest« der A-Klasse reagiert hat. Genial, einen Sympathieträger wie Boris Becker dafür einzusetzen, den Fehler zuzugeben und darzustellen, was man daraus gelernt hat. Kein Wunder, dass man Mercedes bald verzieh. Der Verbraucher ist bis zu einem gewissen Grad durchaus bereit, allzu Menschliches zu akzeptieren, allerdings will er wie ein mündiger Mensch behandelt werden. Schonungslos war es, wie Perrier auf die Meldung reagierte, dass das weltberühmte Mineralwasser teilweise belastet sei. Obwohl das belastete Wasser nicht gesundheitsschädlich war, jedenfalls habe ich von keiner Erkrankung gelesen, zog man unter dem Kampagnenmotto »Perrier ist verrückt« die Produkte aus den Läden ab. Seien Sie so ehrlich, so bedingungslos dem eigenen Anspruch verpflichtet, wie diese beiden Beispiele zeigen. Marken müssen ein moralisches Angebot sein und bleiben. Hier dürfen Sie sich niemals auf Kompromisse einlassen.

Der Markenkern und dessen Auswirkungen auf Ihre Putzfrau

In diesen Tagen wird viel über integrierte Kommunikation geschrieben. Ich habe die Aufregung hinsichtlich der Integration der neuen Medien eigentlich nie verstanden. Denn nach der Markentechnik ist es eine zwingende Notwendigkeit, dass sich in allen Maßnahmen für die Marke der Markenkern und dessen Markensignale widerspiegeln. Der Markenkern ist nicht im Produkt selbst, sondern auch in der Kommunikation, im Verhalten der Mitarbeiter, in der Argumentation des Außendienstes, ja sogar in der Architektur und natürlich auch in den neuen Medien sichtbar zu machen. Unser Kunde CREATON, Europas größter Tondachziegelhersteller, hat sich im Markenkern als »kreativ« positioniert. Für einen Hersteller, den man früher als Ziegelei bezeichnet hätte, sicher eine außergewöhnliche und mutige Entscheidung. Es war eine Positionierung, die abgrenzte. Doch es war vor allem eine Positionierung, die einen wahren Kern hatte. CREATON war der Hersteller, der durch ein großes Programm farbiger Tondachziegel in Deutschland die Farbe aufs Dach zurückbrachte.

Selbstverständlich wurde bei der Gestaltung eines neues Werkes in Thüringen die Agentur beauftragt, Vorschläge zu unterbreiten, wie die Positionierung sichtbar zu machen ist. So kam es, dass entlang den Fabrikationshallen die größte Ausstellungsfläche der Welt für farbige Tondachziegel entstand. Jedem Passanten, jedem Mitarbeiter wird spektakulär vor Augen geführt, wofür diese Marke steht. So etwas gehört zur integrierten Kommunikation.

Die Markenbotschaft wird sich immer dann durchsetzen, wenn der Pförtner und die Putzfrau sie kennen und stolz auf sie sind. Tun Sie ruhig etwas, was sonst die Agenturen hassen, wie der Teufel das Weihwasser. Machen Sie den Putzfrauentest. Fragen Sie also die Damen, die in Ihrer Firma die Räume pflegen, was Ihre Marke ihnen sagt. Wenn sie ohne Hilfestellung darauf kommen, was Ihre Hauptkompetenz ist, haben Sie in der Vergangenheit alles richtig gemacht. Doch dieses Ergebnis werden Sie nur erzielen, wenn der Markenkern Richtschnur aller Markenentscheidungen war.

13. Grundregel der Markentechnik:
Bringen Sie unter dem Markendach nicht Produkte unter, die außerhalb der Kernkompetenz liegen.

14. Grundregel der Markentechnik:
Wenn unter der Marke Fehler gemacht werden, hilft nur Offenheit, Fairness und Großzügigkeit.

15. Grundregel der Markentechnik:
Der Markenkern ist die Richtschnur bei allen Maßnahmen für die Marke.

F WIE FÜHRUNG

DIE MARKE VERLANGT VON IHNEN IHRE BESTEN EIGENSCHAFTEN

Die Marke ist in der Anfangsphase der Markenwerdung eine zarte Pflanze, die Zeit, Liebe und viel Pflege braucht, um zu gedeihen. Wenn sie erst einmal »top of the mind« ist, erträgt sie dagegen allerlei Gemeinheiten. Es dauert manchmal bis zu zehn Jahre, ehe ihre Kompetenz erodiert. Als Markentechniker kann ich Ihnen eine ganze Reihe von Marken nennen, die heute noch strahlend im Blickpunkt der Öffentlichkeit stehen, die aber so wahnwitzig behandelt werden, dass sie eines Tages ruiniert sind. Den genauen Zeitpunkt kann ich Ihnen nicht nennen, aber das Ende kommt bestimmt, wenn nicht dem Treiben verantwortungslosen Markenmanagements ein Ende bereitet wird. Wie ein Kind braucht die Marke in der Wachstumsphase Ihren Schutz, denn sie ist von einer Vielzahl von Feinden umstellt, die, meistens sogar aus Unwissenheit, mit Fleiß dabei sind, sie umzubringen. Die Motive dazu sind vielfältig: Dummheit, Arroganz, Gleichgültigkeit, Egozentrik, um nur die wichtigsten zu nennen. Die Marke braucht also einen mächtigen Förderer und Beschützer, und dies kann nur der Chef sein, sei er nun

Manager, Inhaber oder Vorstandssprecher. Sie haben die Wahl der Rolle, ob Sie in diesem Stück Held oder Schurke sein wollen. Wenn Sie sich nicht in den Dienst der Marke stellen und diese Idee vorleben, wird es nie etwas mit der Markendurchsetzung.

Keine Werbeagentur kann Ihre Rolle ausfüllen

Allgemein herrscht leider die Auffassung vor, dass man sich die Markenidentität wie einen Anzug bestellen und zuschneidern lassen kann. Denn sonst würde es nicht so oft gleich in den ersten hundert Tagen, nachdem der Manager seinen neuen Job angetreten hat, zu Wettbewerbspräsentationen kommen. Meine Erfahrung geht dahin, dass man sich seine Identität nicht wie im Supermarkt kaufen kann. Wenn Sie die Idee nicht vorleben, wird auch Ihr Außendienst sie nicht weitergeben können, geschweige denn für den Mann in der Produktion zur Richtschnur werden. Es leuchtet zwar jedem ein, dass man Persönlichkeit nicht für ein paar Silberlinge bekommt, aber in der Praxis tönt das ganz anders: »Nun sagen Sie uns doch einmal, wie wir uns darstellen sollen?« Und natürlich bekommen Sie auf diese Frage das Bild, das Sie verdienen.

Mit den Wünschen der Käufer hat das dann nicht unbedingt etwas zu tun, aber sehr viel mit Ihren Wünschen. Wenn Sie Ihre Marke in einer Präsentation ausschreiben und drei oder vielleicht sogar fünf Agenturen einladen, sollten Sie sich darüber im Klaren sein, unter welchen Druck Sie die Agenturen setzen. Eine Präsentation kostet

60

die Agentur wenigstens 25.000 Euro, und ich war schon des Öfteren mit 60.000 Euro dabei. Ich kenne Kollegen, die haben das Fünffache eingesetzt und diesen Einsatz verloren. Natürlich wird einem gesagt, dass man nur ein paar Ideenskizzen haben will und dass es vollkommen ausreicht, die Markenidee mit zwei Pappen skizziert zu bekommen, aber keiner hält sich daran, und wer es doch tut, hat dann in der Regel verloren. Bei den vorstehend genannten Zahlen ist die Versuchung natürlich sehr groß, dass Sie das bekommen, was Sie bekommen wollen. Man sollte auch von Werbeleuten nicht allzu viel Altruismus verlangen.

Markenvernichtung durch Wettbewerbspräsentation

Wie läuft es ab, wenn man den Kunden nicht von einer Präsentation abbringen kann? »Wir wollen zur Marke werden.« Das Ziel ist erkannt, das Briefing geschrieben. Wenn man Glück hat, werden drei Agenturen zum »Pitch« eingeladen, wenn man Pech hat, sind es fünf, und ich habe auch schon erlebt, dass es sieben Agenturen waren. Die Aussichten, dass etwas Gescheites dabei herauskommt, sind sehr gering, denn das Ganze läuft danach ab: »Wer liefert mir das schönste Kleid?« Und auch für die Agentur steht nicht die Marke im Mittelpunkt, sondern, wie wir gesehen haben, das Gewinnenmüssen. Gegen die Grundidee der Marke wird verstoßen: Der Unternehmer – sei er nun Gesellschafter, Vorstandssprecher oder Brandmanager – als Markenführer und der Markentechniker tun sich zusammen und verwirklichen eine Vision in einem Markenwesen, das in den Köpfen der Menschen etwas bewirkt. So haben Domizlaff und Siemens es getan und an der Wirksamkeit dieses Vorgehens hat sich bis heute nichts geändert. Präsentationen liefern Masken, die über kurz oder lang zerbrechen oder als nichts sagend erlebt werden, weil die schönen »Larven« ohne Identität sind. Das Entscheidungsverhalten in Präsentationsgruppen ist teilweise skurril, teilweise abenteuerlich, teilweise lächerlich – oder wie würden Sie folgendes Szenario beurteilen? Bei einem unserer Kunden hatte das Management gewechselt, der neue Markenvorstand brachte seine Unternehmensberatung mit und diese ihre Agentur ins Spiel. Es wurde aus Gründen der »Fairness« natürlich eine große Wettbewerbsrunde mit fünf Agenturen ausgeschrieben.

Die Präsentation fand vor zwölf Topleuten statt und mein Vortrag über Versäumnisse, Markenführung und neue Zielsetzungen wurde wiederholt durch Beifall unterbrochen. Nach meinem Vortrag kam fast das gesamte Management zu mir und gratulierte und ich wusste, dass ich verloren hatte. Der Markenvorstand kam nämlich nicht gleich zu mir. Er verabschiedete sich später von uns, ohne auf die Präsentation einzugehen und mit einem gequälten Lächeln. Was danach geschah, habe ich später erfahren: Jeder Teilnehmer an der Präsentation musste eine Liste mit Bewertungskriterien ausfüllen und nach Auswertung der Fragebögen hieß der Gewinner Dongowski & Simon. Was für ein Malheur! Also bekamen die Kriterien eine unterschiedliche Gewichtung. Es wurde also »internationale Anbindung« sehr hoch gewichtet, und da wir angeblich solche nicht hatten, was nicht stimmte, aber so empfunden wurde, reduzierte sich unser Punktekonto. Leider lag Dongowski & Simon noch immer mit einem winzigen Pünktchen vorne. Es wurde dann vom Markenvorstand entschieden, dass man einfach neuen Wind brauche und dieser nur von einer neuen Agentur kommen könne. So kann man nicht nur sein gesamtes Management, sondern auch sich selbst desavouieren. Dieser Topmanager ist bereits im nächsten Jahr kläglich gescheitert, aber der Marke war ungeheurer Schaden zugefügt worden. So etwas ist schon jedem Markentechniker passiert und eigentlich könnte man es damit abhaken, dass es zum Geschäft gehört. Doch solche Vorkommnisse, die gegen die Integrität verstoßen, leiten den Anfang vom Ende ein, und letztendlich bleiben nicht nur Millionenwerte auf der Strecke, sondern auch Arbeitsplätze.

Der Markentechniker auf der Agenturseite muss Ihre Vision umsetzen

Keine Agentur kann die Markenführung übernehmen. Wozu braucht man dann die Agentur? Wenn sie etwas taugt, kann sie mit Ihnen gemeinsam die Markenidentität erarbeiten. Wenn sie etwas kann, wird sie einen abgrenzenden Markenkern, der dem Verbraucher etwas sagt, sofort erkennen. Wenn sie genug Markenstrategien erarbeitet hat, gibt sie Ihnen das Werkzeug in die Hand, das zur Markenidentität führt. Und natürlich, wenn sie professionell ist, kann sie den richtigen Markenkern aufmerksamkeitsstark in Szene setzen. Sie haben dann die richtige Werbeagentur gefunden, wenn Sie dort jemanden haben, der die gleiche Vision hat wie Sie. Er muss Sie also verstehen. Er muss sich begeistern können. Menschen, die sich nicht mit der Marke identifizieren und keine Leidenschaft für sie aufbringen, gehören nicht ins Markenteam. Das größte Kompliment, das mir von einem Unternehmer gemacht wurde, das aber als Vorwurf gemeint war, kam von einem Kunden, den Dongowski & Simon zwanzig Jahre lang betreut hat. Nachdem ich mit dem Vater sehr erfolgreich zusammengearbeitet hatte, übernahm schließlich der Sohn die Unternehmensführung, und ich bekam zu hören: »Sie sind mehr unsere Marke als ich, das kann doch nicht richtig sein.« Für seinen Vater war diese Identifikation genau das Richtige gewesen. Nun, knapp zehn Jahre nach Beendigung der Zusammenarbeit mit dem Sohn, ist das Unternehmen in fremde Hände gekommen. Eine über hundertjährige Markengeschichte endete in einem Fiasko. Nicht verwunderlich, wenn der Sohn auch bei anderen Entscheidungen sich selbst wichtiger genommen hat als die Marke. Wenn Sie sich als Unternehmensführer nicht mit der Marke befassen können – vielleicht weil Sie zu viele Marken haben –, müssen Sie die zweitbeste Lösung wählen und einen Brandmanager einstellen, der sein Geld wert ist.

Er sollte keine Stabsfunktion haben, sondern in der Linie stehen, und zwar oben. Er sollte ein Unternehmertyp sein, und dies wird es für Sie nicht gerade einfach machen. Also vielleicht ist es besser, Sie entschließen sich doch, die Markenführung selbst zu übernehmen.

Sie werden sich in den Dienst der Marke stellen

Markenarbeit ist »Kärrnerarbeit«, deren Sensibilität sich einem nur erschließt, wenn man die Marke als Markenwesen begreift. Es ist Ihre Aufgabe, die Marke davor zu bewahren, dass sich ihr Charakter verändert, und Maßnahmen nur zuzulassen, die Markencharakter und Markengesicht nicht ins Unkenntliche verzerren. Das erfordert Wachsamkeit und Selbstdisziplin, aber schließlich werden Sie dafür von der Marke reichlich belohnt. Nur wenn Sie hinsichtlich Korrektheit und Standfestigkeit ein Vorbild sind, werden Sie von Ihrer Mannschaft die gleiche Geisteshaltung einfordern können. Wenn eine Marke ihre Kompetenz verliert, waren all die Agenturen Mittäter, aber der Anstifter waren Sie, der Unternehmensführer. Denn Sie ließen es zu und haben den Meuchelmord auch noch bezahlt. Eine gute Agentur wird sich solchen Aufträgen entziehen. Aber zugegebenermaßen gibt es diese Integrität, bedingt durch den Konkurrenzkampf, nicht mehr allzu häufig. Aber Sie sollten schon die wichtigsten Todsünden kennen, die Ihre Markenführung gefährden und der Markenbotschaft die Durchschlagskraft eines Wattestäbchens verleihen.

Das Ego-Syndrom

Die meistverbreitete Sünde und fast so gefährlich wie die Lüge ist der Egotrip. Jemand kommt neu ins Unternehmen und kann die hundert Tage nicht abwarten, um seine

Durchsetzungskraft zu demonstrieren. Nach dem Motto »Was vor mir war, kann nur schlecht sein« nimmt das Unheil seinen Lauf. Wenn es der Topmanager selbst ist, kann man nichts machen und nur das langsame Sterben der Marke prophezeien. Natürlich soll und muss »der Neue« prüfen, ob die Positionierung stimmt, und er muss vielleicht sogar kleine Korrekturen vornehmen. Aber den Markenkern infrage zu stellen oder die Markenbotschaft zu verändern, ist nur gerechtfertigt, wenn die Marke ihre werterklärende Ausstrahlung verloren hat und seit längerer Zeit erfolglos ist. Es sei denn, es gibt für den Manager noch andere Kriterien. Wenn der Brandmanager, der Marketing- oder Vertriebsleiter dieser Todsünde verfällt, dann ist der erste Mann gefordert. Obwohl man seit Jahren weiß, was der Sündenfall bewirkt, passiert er immer wieder und tagtäglich. Den traurigen Rekord hält bei mir eine junge Dame, nennen wir Sie Frau Forsch, die Werbeleiterin bei einer bekannten Marke im Baumarkt wurde. Vierzehn Tage nach ihrem Unternehmenseintritt war sie in der Lage, die Markenpositionierung zu beurteilen, zu verwerfen und neue Ziele zu definieren, und natürlich war eine Wettbewerbspräsentation unumgänglich. Selbstverständlich waren wir als Etathalter dazu eingeladen. Wir haben genauso selbstverständlich auf die Einladung verzichtet. Natürlich habe ich ihr zum Abschluss mitgegeben, dass sie wertvolles Markenkapital vernichtet hat. Aber ich bin mir ziemlich sicher, dass ich sie damit nicht gerade zur Verzweiflung brachte, schließlich konnte sie ihren Etat bei einer Weltagentur platzieren, und die kann doch nichts falsch machen.

So bringt man sich um die Zukunft und merkt es nicht

einmal. Frau Forsch wird sicher nicht mehr allzu lange in diesem Unternehmen ihr Unwesen treiben, da es noch ganz andere Unternehmen gibt, die ihr eine Plattform bieten und vielleicht auch von dem wichtigsten Markengesetz – der Kontinuität – noch nichts gehört haben. Aber vielleicht hat Frau Forsch dann das Pech, dass sie auf Sie stößt. Einen Wächter der Marke.

Das »Hardselling«-Syndrom

… tritt unweigerlich in Zeiten auf, in der die Konjunktur lahmt. Dann ist nicht mehr das Markenprofil wichtig und die Kreativität, sondern allein die Zahlen. Besonders anfällig für dieses Syndrom sind frisch eingestellte Produktmanager, die ohnehin nur zwei Jahre bei der Marke bleiben wollen und in dieser Zeit Erfolge vorweisen müssen, um möglichst schnell Marketingleiter zu werden. Auch Vertriebsleiter befällt diese Krankheit, aber für die habe ich ein Herz, denn bei ihnen ist die Krankheit berufsbedingt. Sie werden schließlich allein nach den Zahlen bewertet. In schlechten Zeiten ist »Hardselling« der Strohhalm und die Devise heißt: Aggressiver verkaufen. Was meist bedeutet, dass man die Preise zusammenhaut und »Preishalbierung«, »sensationell« und andere reißerische Worte das Ende der Markenstrategie ankündigen. »Hardselling« bringt Marken um ihre Wertigkeit und Wahrhaftigkeit und damit um die Seele. Hardselling macht zudem noch süchtig, denn es wirkt.

Nur, Sie müssen die Dosis beim nächsten Mal verstärken, wenn Sie die gleiche Wirkung erzielen wollen und so weiter und so fort und schließlich verramschen Sie nur noch und die Marke ist ruiniert.

Hardselling ist zweifellos die dümmste Art der Markenpeinigung, denn letztendlich wird der Zustand erreicht, in dem man nichts mehr verdient und die Marke als Leiche zurückbleibt. Aber es gibt genug Dumme, die sich für ausgeschlafen halten und denen am Morgen doch nichts anderes einfällt, als sich um die eigene Zukunft zu bringen.

Das Weihrauch-Syndrom

»Wir müssen kreativer werden!« Ein Satz, den man in jedem Unternehmen schon einmal gehört hat. Es folgt dann in großer Runde meist ein beifälliges Nicken und wenig später die Ausschreibung einer Wettbewerbspräsentation. Gründe dafür finden sich immer, aber eigentlich sind es nur Ausreden. Der Umsatz stagniert gerade oder die Konkurrenz hat eine neue Kampagne aufgelegt oder die Ehefrau fand die Werbung ohnehin schon immer langweilig. So kommt es dann zu der bedeutungsvollen und schicksalsschweren Aussage: »Wissen Sie, meine Frau findet diese Autosache mit den Affen gut.« Lange Zeit war Toyota der Liebling derjenigen, die von professioneller Markenführung wenig Ahnung hatten. (Die Japaner sind ohnehin prädestiniert für diese Liebe, da sie Werbung – wenn man sich das Ergebnis anschaut – auf keinen Fall an den Grundregeln der Markenführung ausrichten.)

Doch zurück zum Kreativitätswahn, der immer wieder dazu führt, dass das »Wie« das »Warum« in den Schatten stellt. Eine gewisse Kategorie von Werbern wähnt sich als

Eiskunstläufer auf dem winterlichen Bodensee und ist tatsächlich nur Schlittschuhläufer auf einem Taschenspiegel. Damit wir uns richtig verstehen: Wir brauchen ungewöhnliche Ideen und Umsetzungen, aber für den Markenerfolg sind dies nur die ersten fünfzig Prozent, die anderen fünfzig Prozent liefert die Markentechnik. Wobei es durchaus Stimmen gibt, die der Markentechnik eine noch größere Bedeutung einräumen, aber ich will unsere Kreativitätsgläubigen nicht zu sehr deprimieren. Aber ein bisschen Demut würde uns Werbern manchmal gut anstehen. Natürlich muss die Werbung bei den Zielgruppen – und bei denen vor allem – gesehen werden, aber wenn die Markengesetze nicht beachtet wurden, passiert darüber hinaus nichts, sprich: Die kunstvollen Pirouetten waren sinnlos und man fällt trotzdem auf den Hosenboden. Marken, die alle drei Jahre mit der heißesten Kampagne der heißesten Agentur daherkommen, werden sich nicht langfristig etablieren können. War es Ogilvy, der einmal sagte: »Nicht von der Werbung soll man reden, sondern von dem Produkt!« … oder der Marke. Was ich hier schreibe, sind natürlich keine Erkenntnisse, die bei den Werbeleuten sehr populär sind. Um noch einmal richtig ins Wespennest zu treten, eine weitere Beobachtung: Vielen so genannten Kreativen ist ihre Marke so gleichgültig wie der sprichwörtliche Reissack in Peking. Es interessiert allein die Erwähnung vom Art-Directors-Club und sonst höchstens der Gehaltsstreifen. Aber halt: Es sind natürlich nicht alle dem Weihrauch-Syndrom verfallen. Als Markenführer sind Sie derjenige, der herausfinden muss, wie man auf der Agenturseite denkt. Sie sind der Einzige, der Dummheiten und Verbrechen an der Marke verhindern kann. Als Protektor der Marke kommt eine Menge Arbeit auf Sie zu.

16. Grundregel der Markentechnik:
Markenführung ist heute Chefsache.

17. Grundregel der Markentechnik:
Markenführer und Markentechniker müssen ein Team bilden.

18. Grundregel der Markentechnik:
Die richtige Agentur für Ihre Marke finden Sie nicht in Präsentationen.

G WIE GESETZE

WANN HABEN SIE DAS LETZTE MAL ÜBER IHRE MARKE NACHGEDACHT?

Gesetze sind nicht sehr populär, das wissen wir seit dem Sündenfall, und auch Moses hat damit bekanntlich keine sehr guten Erfahrungen gemacht. Wenn ich also neben den Grundregeln zur Markenführung auch noch Markengesetze aufzeige, dann bin ich mir darüber im Klaren, dass ich zu einiger Verwirrung beitrage. Sehen Sie diese Markengesetze als den Kern der Markentechnik, als die Grundsubstanz, von der sich alles ableitet und deren Einhaltung zwar nicht das Paradies wiederbringt, aber Sie vor einem steinigen Acker bewahrt. Es sind sieben einfache Gesetze, aber schon der Verstoß gegen ein einziges kann dazu führen, dass aus Ihrer teuren Markenstrategie nicht viel wird. Sie können die eine oder andere Grundregel vernachlässigen, aber dürfen niemals gegen diese Gesetze verstoßen.

1. Gesetz:
Geben Sie der Marke eine Ursubstanz – oder überprüfen Sie diese jährlich

Die Ursubstanz der Marke, ihre Berechtigung also, spiegelt sich im Markenkern wider, der wiederum die Markenbotschaft und damit den Auftrag der Marke bestimmt. Dieser Auftrag bringt die Wünsche der Verbraucher mit dem Markenkern in Übereinstimmung. Nur dann funktioniert die Marke. Es gibt zwar Leute, die glauben, sie können mit Riesenetats gegen Verbraucherwünsche und Verbrauchermeinungen etwas ausrichten, doch selbst Supermarken wie Coca-Cola sind dabei, wie wir gesehen haben, kläglich gescheitert.

Aber dieser Auftrag der Marke muss ständig überprüft werden. Alles ändert sich, und da eine Marke sich in der Kernaussage und im Aussehen nicht abrupt ändern darf, muss sie kontinuierlich überprüft und, wenn notwendig, unmerklich der veränderten Situation angepasst werden.

Wenigstens einmal im Jahr sollte man in Klausur gehen, in Ruhe über den Markenauftrag nachdenken und eine Bilanz aufstellen. Auf der einen Seite steht der Markenkern und die daraus resultierende Botschaft, auf der anderen Seite die Wünsche der Verbraucher, und in der Mitte die Maßnahmen, die die Botschaft verdeutlichen sollten. Am besten, Sie heften sich das Ganze in großen DIN-A2-Bogen an die Wand. Mit einigem gesunden Menschenverstand lässt sich dann schon feststellen, ob Auftrag und Erwartungen deckungsgleich sind und richtig verstanden wurden. Doch noch besser ist es, Sie haben bei der Überprüfung bereits eine Studie aus dem Markt zur Hand. Es ist ja ein nicht so unbekanntes Phänomen, dass man die Dinge so sehen will, wie sie sein sollten. Das geht eine Weile gut, aber niemals auf die Dauer. Deshalb gehört zur professionellen Markenführung die Begleitung durch Marktforschungsuntersuchungen.

2. Gesetz:
Holen Sie sich die richtigen Leute zur Marke

Mit den falschen Leuten wird es nie etwas mit der Durchsetzung der Markenidee. Dies wird zwar allgemein anerkannt, aber welche Folgerungen werden daraus gezogen? Die Personalabteilung kann Ihnen jede Markenstrategie in Unordnung bringen, wenn sie Leute einstellt, die nicht für die Marke sensibilisiert sind oder sich für sie nicht sensibilisieren lassen. Deshalb ist es so wichtig, dass man die Personalabteilung, die Personalsuche, Personalbehandlung und Personalförderung in die Markenstrategie integriert. Das fängt ganz vorn bei der Personalanzeige an. Die Leute, die Sie suchen, müssen wissen, wofür die Marke steht und was diese von ihnen verlangt.

Sie müssen bereits im Vorfeld entscheiden können, ob sie sich in den Dienst der Markenidee stellen wollen. Alle, die für Ihre Marke arbeiten, sollten in ihrer Einstellung zur Marke passen. In der Automobilindustrie gibt es ein Kriterium, das sich im ersten Augenblick sehr oberflächlich anhört, aber ausdrückt, worauf es ankommt: Der Bewerber sollte Benzin im Blut haben. Er sollte also neben Sachverstand und gewissen Erfahrungen Leidenschaft fürs Auto mitbringen. Genau das Gleiche sollten die Mitarbeiter Ihrer Marke mitbringen: Leidenschaft für die Idee, die hinter der Marke steht. Wenn Ihre Empfangsdame oder Ihre Telefonistin nicht nur flötet: »Was kann ich für Sie tun?«, sondern auch vermittelt, dass dies ehrlich gemeint ist, haben Sie viel erreicht. Doch dies wird sie nur vermitteln können, wenn Sie sie anhand der Markenidee geschult haben: All Ihr Tun hat die Idee der Marke zum Mittelpunkt. Das ist die ganze Wahrheit, die hinter erfolgreichen Marken steht. Wenn Ihre Putzfrau dies auch erkannt hat, sind Sie ganz nah am Ziel angelangt. Ihre Mannschaft wird zu einer verschworenen Gemeinschaft für eine großartige Idee.

3. Gesetz:
Die Markenidee ist in der kreativen Idee sichtbar zu machen

Können Sie sich die Affenidee von Toyota für einen BMW vorstellen? Zugegeben, nichts ist unmöglich, aber dass die BMW-Verantwortlichen so mit ihrer Marke umgehen, kann ich mir beim besten Willen nicht vorstellen. Die Verantwortung gegenüber dem Markenwesen zwingt einen dazu, dessen Charakter sichtbar zu machen. Da kann man nicht hemmungslos in den Kreativtopf greifen und ordentlich Schminke in das Markengesicht klatschen. Jetzt schränke ich die Kreativität erheblich ein. Nein, ich verlange nur handwerkliche Professionalität.

Ich halte die lila Kuh von Milka oder den Tiger von Esso oder unseren Pegasus für Oppacher für hervorragende

kreative Leistungen. Die Konzentration auf den Markenkern zwingt zur Disziplin und engt das Zielfeld ein, aber
hier zeigt sich die Hohe Schule der Kreativität. Herrlich
verrückte Einfälle kann man in jedem Kindergarten beobachten, aber leider helfen sie in der Regel nicht beim
Vermarkten.

In allen drei vorstehenden Beispielen wurde bewusst
oder unbewusst Kroeber-Riels »Tierbräutigam« eingesetzt und ich kann nur sagen, dass dieser bei emotionaler
Positionierung überaus erfolgreich ist, wenn man davon
eine glaubwürdige Markenstory ableiten kann. Es geht
also immer darum, den Markenkern kreativ und glaubhaft umzusetzen. Zeiss steht für Präzisionsoptik. Doch
die hohe Qualitätsauffassung macht es nun beim besten
Willen nicht zu einem Niedrigpreisprodukt. Die hohe
Qualitätsauffassung war der dominierende Teil des Markenkerns, also versuchten wir diesen sichtbar zu machen.
Was haben Hemingway, Amundsen und Einstein gemeinsam?

Das waren Menschen, die auf ihrem Gebiet eine ähnlich hohe Qualitätsauffassung hatten wie die »Zeissia-
ner« und auch tatsächlich Zeiss-Ferngläser benutzten.
Wir stellten also Mythen zum Mythos und transportier-
ten dadurch den Markenkern, den Mehrnutzen der Marke. Jede Idee, die nicht aus dem Markenkern stammt,
verstößt gegen die Natur der Marke. Aber machen Sie
das mal einem so genannten Kreativen klar, der von der
genialen Idee des Jahrhunderts spricht und die Kamele
tanzen lässt. Womit wir wieder bei den Menschen hinter
der Marke sind.

4. Gesetz:
Die Markenidee verlangt ein Markengesicht

Domizlaff fand den treffendsten Vergleich: Die Marke hat
ein Gesicht wie ein Mensch. Also müssen wir der Markenidee in einem Gesicht Gestalt geben. Es ist also nicht nur
ein Wort- und Bildlogo zu gestalten, sondern der gesamte
Auftritt der Marke ist in einem verbindlichen Marken-
design zu regeln. Das Markengesicht zeigt die Typografie,
also die Verteilung von Bild- und Textelementen, die
Hausfarben, die Art und die Nutzung festgelegter Schrif-
ten und die Darstellung der Marke in allen möglichen
Äußerungen der Markenkommunikation. Es gibt nun
einmal Gestaltungselemente, die passen zu der einen Marke, zu der anderen aber nicht. Oder glauben Sie, dass
pinkfarbene Anzeigen für Mercedes, Miele oder Zeiss besonders vertrauenswürdig wären? Dafür aber aufmerksamkeitsstark, werden Sie vielleicht entgegnen. Klar, aber
das ist eine heruntergelassene Hose auch. Ein Markengesicht sollte charaktervoll wirken, ruhig und souverän und
auf keinen Fall schreiend.

Deswegen müssen Sie nicht auf dicke Balken-Headlines
verzichten, aber auf jeden Fall auf ständig wechselnde Ele-
mente. Selbst an Sixt-Anzeigen hat man sich gewöhnt,
aber die sind auch bei ihrem Stil geblieben und in der etwas »lauten« Aufmachung lag immer auch eine gewisse
Selbstironie. Was ist also die Erkenntnis? Finden Sie Ihren
Stil und pflegen Sie ihn und zeigen Sie keine Wankel-
mütigkeit und Schwäche, indem Sie dauernd dem neues-
ten Trend hinterherlaufen. Marken machen sich nicht bil-

lig. Marken sind »Ladies oder Gentlemen«, wenn Sie verstehen, was ich meine.

5. Gesetz:
Geben Sie der Marke die Kontinuität, die sie braucht

Auch wenn ich mich hier wiederhole: Die Einhaltung dieses Gesetzes entscheidet über Ihren Erfolg. Gerade bei diesem 5. Gesetz braucht die Marke die meiste Unterstützung. Die gefährlichsten Feinde der Marke meinen es besonders gut mit ihr. Neben Ihrer Frau können auch Geschäftsfreunde und Bekannte mit dem mitfühlenden Satz »Ihr solltet euch mal wieder etwas einfallen lassen« der Marke an den Kragen gehen. In diesem Augenblick ist alles in Gefahr, was Sie bisher in die Marke investiert haben, und die Zukunft sieht auch nicht gerade besonders rosig aus. Wenn Sie Ihre Markenbilanz hinter sich gebracht haben, wenn die Strategie sorgfältig abgestimmt den Markenkern definiert und die Markenbotschaft in den Markt gegangen ist, bleiben Sie dem virtuellen Wesen, das Sie geschaffen haben, treu. Niemand kann sich etwas merken, was dauernd in anderer Aufmachung daherkommt – und einen besonders vertrauenswürdigen Eindruck macht es auch nicht. Aber um Vertrauen geht es schließlich.

Ändern Sie also Ihre Markenkonzeption nicht, nur weil Ihre Freunde es gut mit Ihnen meinen. Dieser Rat ist natürlich für eine Werbeagentur nicht gerade geschäftsfördernd und tatsächlich bin ich schon einige Male in die »Wüste geschickt« worden, weil ich mich geweigert habe, etwas zu ändern. Dies tut im Augenblick erst mal weh.

Aber man wird dadurch belohnt, dass man sich am nächsten Morgen im Spiegel immer noch ansehen kann. Es ist natürlich eine kostspielige Sache, zu seinen Überzeugungen zu stehen. Aber ist derjenige nicht arm dran, der sich eine Überzeugung nicht leisten kann?

Domizlaff beklagte an jenem, für mich so bedeutsamen Sommerabend des Jahres 1970 mir gegenüber die Oberflächlichkeit der Verantwortlichen in Politik und Wirtschaft im Allgemeinen, den Verfall unseres werblichen Handwerks im Besonderen und war auch sehr zornig über die mangelnde Geduld gegenüber dem Wachstum von Marken. Er müsste heute nichts davon zurücknehmen. Der einzige Unterschied zu damals besteht darin, dass alles noch viel schlimmer geworden ist. So wie das mit den Medien läuft, erziehen sie dazu, dass die Konzentrationsfähigkeit der Menschen immer mehr nachlässt. Botschaften müssen immer schneller ihr Ziel erreichen, immer schneller sind Karrieren zu durchlaufen, was wiederum heißt, dass schneller Erfolge hereinzuholen sind. Wenn man dann mit dem Gesetz der Marke kommt, das auf Kontinuität und Geduld hinausläuft, wird man wie ein »Spezi« des alten Herkules angesehen, der mit einiger Verspätung den Augiasstall ausmisten will. Doch ich kann einer gewissen Sorte von Werbern die Laune noch gründlicher verderben, indem ich behaupte, dass ihre Kreativität im Vergleich zu anderen Kriterien nicht sehr wichtig ist, zumindest aber nicht die gleiche Wichtigkeit besitzt wie das Gesetz der Kontinuität.

Um mich nicht ganz in die Rolle des Häretikers zu begeben, spreche ich immer davon, dass eben beides gleich wichtig sei, aber mit meinen Erfahrungen deckt sich dies nicht. Jemand wird mit einer nicht so aufregenden, aber aus dem Markenkern entwickelten Botschaft erfolgreicher sein, wenn er nur lange genug bei dieser Botschaft bleibt, als der neuigkeitswütige Kreativitätsfetischist. Wechselnde Botschaften können noch so kreativ sein und können sogar dem Markenkern entsprechen, wenn sie dauernd anders inszeniert werden, bleibt von dem ganzen Theater bei der heutigen Medienüberflutung nichts anderes übrig als der Applaus der sich gut unterhalten fühlenden Zuschauer: »Was für ein geiler Spot.« Vertrauen zu einer Marke kann ohne Kontinuität nicht aufgebaut werden. Zeichen bekommen erst durch die Vertrautheit ihre Wirkung. Wenn Sie also sichergehen wollen, dass aus Ihrer Marke nichts wird, dann tauschen Sie in schöner Regelmäßigkeit, am besten alle drei Jahre, Ihre Kampagne aus. Wie lange Sie sich nun mit der gleichen Markenbotschaft herumquälen sollen? Kommt auf den Markt an, auf den dahinter stehenden Werbedruck, auf das Entscheidungsverhalten der Zielgruppe, auf deren Wertschätzung der Marke, auf den Zeitgeist. Wenn Sie über die Schmerzgrenze hinausgehen, sind Sie einigermaßen auf dem sicheren Weg. Was ich hier schreibe, ist ungefähr so bekannt wie die Zehn Gebote. Aber soll man deswegen aufhören, von den Markengesetzen zu sprechen? Man hört ja auch nicht auf, über die Zehn Gebote zu predigen.

6. Gesetz:
Eine Marke verlangt ständige Investitionen

Mit der Markenpflege ist es wie mit dem Düngen. Wer einmal damit angefangen hat, darf damit nicht mehr aufhören. Dieses Gesetz wird schon in guten Zeiten nicht immer eingehalten, aber in schlechten befindet sich die Marke schnell in Lebensgefahr. Wenn die Kosten runtergefahren werden sollen, gilt der erste begehrliche Blick dem Werbeetat. Von antizyklischer Werbung wird zwar seit Jahrzehnten gesprochen, aber antizyklisches Verhalten ist eher die Ausnahme denn die Regel. Dabei kann ich aus Erfahrung bestätigen, dass außerordentliche Marktanteilsgewinne möglich sind, wenn man sich antizyklisch verhält und bei schwächelndem Markt den Etat hochfährt. Auch später wird die Konkurrenz die Marktanteilsverluste, selbst mit höherem Etateinsatz, nicht wieder ausgleichen. Sie können sich vorstellen, dass meine Liebe zu Controllern sich deshalb sehr in Grenzen hält, weil ihr Wirken mir meist zu sehr vom Augenblick beeinflusst ist.

In dem Moment, in dem Sie der Marke die Blutzufuhr infolge des reduzierten Etats abschneiden, beginnt sie zu kränkeln. Werbepausen bedeuten immer auch Identitätsverlust. Der Bekanntheitsgrad sinkt und das Markenprofil verschwimmt. Marken brauchen Zeit, um zu wachsen und zu einem werteerklärenden Code zu werden. Wenn auch der Bekanntheitsgrad bei Werbeabstinenz in den ersten beiden Jahren kaum sinkt, so zerfällt das Profil doch sehr schnell: Es wird erst ungenau und löst sich dann vollständig auf und die Marke hat keine Kompetenz mehr. Denken Sie immer daran: Ein Absender ist erst eine Marke, wenn sie in den Köpfen der Menschen etwas auslöst, was die Kaufentscheidung beeinflusst. Schließlich ist das Sinn und Zweck der ganzen Übung.

Wenn Sie also den Weg der Marke gehen wollen, prüfen Sie vorher, ob Sie sich das leisten können. Sei es den Aufbauetat in den ersten Jahren und später den Pflegeetat, der bereits niedriger sein darf. Aber ohne Blutzufuhr wird die Marke nie leben können. Doch allzu viel Zeit sollten Sie sich für das Nachdenken nicht lassen. Durch das ständige Anwachsen der Informationen wird es immer noch kostspieliger, einer Marke im Informationsbombardement noch zur nötigen Beachtung zu verhelfen.

7. Gesetz:
Bieten Sie die Marke als Partner an

Bei der Marke geht es letztlich immer um Vertrauen und Verlässlichkeit. Dies gilt nicht nur dem Endkunden gegenüber, sondern erst recht gegenüber dem Handel oder Verarbeiter. Der Handel und die Verarbeiter, seien es Getränkehändler oder Dachdecker und Fensterbauer, müssen in die Markenstrategie eingebunden werden, und wenn Sie es besonders ernst mit dem Erfolg meinen, so machen Sie den Verkäufer zum Freund der Marke. Es gibt kein besseres Verkaufsargument, als wenn der Verkäufer sagt: »Ich benutze dies auch zu Hause ...« Um eine hohe Identifikation mit der Marke zu erreichen und die Markenidee immer wieder deutlich zu machen und dicht am Markt zu arbeiten, empfehle ich so genannte Händlerbeiräte. Dies geht nicht in jeder Branche, wobei ich mir da schon nicht ganz so sicher bin. Manchmal habe ich das Gefühl, dass die Unternehmen gar nicht so genau wissen wollen, wie es draußen an der Front aussieht.

Also bin ich ein großer Freund von einer partnerschaftlichen Zusammenarbeit mit dem Handel, und dies geht bis zur Klubidee, die die Freunde der Marke regelmäßig zusammenkommen lässt. Für fast alle Marken, die ich betreue und wo der Handel bedeutsam ist, habe ich so genannte Partnerschaftskonzepte entwickelt, die dem Handel bei seinen aktiven Verkaufsbemühungen helfen sollen. Dies geht so weit, dass ich zum Beispiel der Innung der Dachdecker oder der WVAO (Wissenschaftliche Vereinigung der Augenoptiker und Optometrie) Konzepte vorstellte, wie sich der Dachdecker oder Optiker selbst vor Ort als Marke etablieren kann.

Markentechniken gelten nicht nur für Großkonzerne oder internationale Marken. Schließlich hat Domizlaff die Markentechnik am Beispiel eines Süßwareneinzelhändlers entwickelt. Partnerschaftskonzepte mit den notwendigen Serviceleistungen kosten zwar sehr viel Geld, aber sie bringen auch Geld. Denn dem Handel bieten sie Sicherheit und Verlässlichkeit und dafür wird er sich gern für Ihre Marke engagieren. Partnerschaftskonzepte sind der sichtbare Beweis, dass die Marke ein soziales Wesen ist. Sie vereinigen die Freunde Ihrer Marke zu einer eingeschworenen Gemeinschaft. Zum guten Schluss ein ganz banaler Ratschlag: Lassen Sie Ihre Marke lächeln. Ein partnerschaftliches Wesen ist kommunikativ und stets freundlich. Niemand lässt sich gern unfreundlich behandeln. Für Ihre Marke gibt es in der Regel jede Menge Alternativen. Ihr Kunde wird dort kaufen, wo er neben der Marke noch ein Lächeln erhält. Schwören Sie alle, die für Ihre Marke tätig sind, zu einer Offensive des Lächelns ein. Als ich vor einigen Jahren in Knoxville, Tennessee, war, las ich auf einem Bankschild den Slogan: »Die freundliche Bank!« Mag dies auch für jemanden, dem ein Kredit abgeschlagen wurde, wie Hohn erscheinen, die Mitarbeiter der Bank zwingt es jedoch zu einem freundlichen Verhalten. Nun rate ich Ihnen nicht, dass Sie sich »mit dem grünen Band der Sympathie« oder anderen sympathischen Slogans schmücken, aber die Marke in eine Atmosphäre des Lächelns einzubetten, kann ein Erfolgsfaktor sein.

19. Grundregel der Markentechnik:
Denken Sie wenigstens einmal im Jahr über die Marke nach und ziehen Sie Bilanz.

20. Grundregel der Markentechnik:
Überprüfen Sie dabei, ob Sie sich an die Markengesetze gehalten haben.

H WIE HANDEL

UND ICH DACHTE IMMER, DER HANDEL WILL GELD VERDIENEN

Mittlerweile sind mir Zweifel gekommen, ob die Rendite zu dem Primärziel des Handels gehört. Eigentlich müssten Handelsmarken die größte Gefahr für die Herstellermarken darstellen, denn der Handel ist schließlich näher am Kunden als die Hersteller. Wer die Kanäle hat, der hat die Macht. Etwas zu produzieren ist heute kein Kunststück – die Kunst liegt im Verkaufen. Also befürchtete nicht nur ich ein Massensterben der Herstellermarken. Aber ich gebe gern zu, dass es im Moment nicht danach aussieht. Die Herstellermarken haben durchaus Zeit, sich auf den Angriff professionell geführter Handelsmarken vorzubereiten. Voraussetzung dafür ist, dass sie dem Verbraucher klarmachen, dass es einen Unterschied zwischen den Marken gibt und nicht der Preis das einzige Kaufkriterium ist. Noch verschläft der Handel viel Geld, aber was ist, wenn er aufwacht? Es wird also Zeit, dass Sie die eigene Marke wieder fit für den Wettbewerb machen.

Der Handel ist Weltmeister beim Preiswettbewerb

Jede Branche hat ihr Goldenes Kalb. Bei uns Werbeleuten ist es die viel gerühmte Kreativität, beim Handel ist es kurioserweise der Preis. Jeder Einkäufer bekommt stolze Gefühle, wenn er ein Markenprodukt billiger anbieten kann als der Konkurrent. Auf den Gedanken, dass man dabei die Milchkühe schlachtet, kommt scheinbar niemand. Ich habe im Laufe der Jahre mit einigen Handelshäusern gesprochen, doch bei nur einem habe ich feststellen können, dass man mich nicht nur verstanden hat, sondern auch das Handeln nach markentechnischen Grundsätzen ausrichtet. Diese Feststellung ist mittlerweile überholt: Der größte Händler im Baumarkt mit über 150 Fachmärkten wurde jetzt von uns markentechnisch positioniert. Die Parfümeriekette Douglas, die mit wertvollen Kosmetikmarken handelt, hat nicht nur Douglas zur Dachmarke gemacht, sondern entwickelt auch Eigenmarken, die zumindest die Chance hätten, zu wirklichen Markenwesen zu werden. Aber in der Regel liefen meine Gespräche bei den Handelshäusern so ab, dass nach ungläubigem Staunen höfliche Zustimmung folgte, die dann in betretenes Schweigen überging. Zum Erstaunen brachte ich sie, wenn ich sagte, dass sie als Premiummarke viel Geld verdienen könnten. Höfliche Zustimmung bekam ich, wenn ich lobte, dass sie dichter am Kunden wären als die Hersteller. Betretenes Schweigen erntete ich, wenn ich bedauernd feststellte, dass sie zur Markenwerdung leider wohl nicht das richtige Personal hätten. Dies gab mir sogar der Vorstand einer der größten

Baumarktketten Deutschlands zu verstehen, als ich mit ihm über die Bedingungen zum Aufbau von Eigenmarken sprach. »Unsere Leute in den Niederlassungen müssen Sie außen vor lassen, die bringen Sie weder zur Motivation noch zur Argumentation.« Nun, so pessimistisch habe ich die Situation nicht gesehen, aber die Einschätzung des eigenen Personals durch den Vorstand ist bezeichnend.

Die gleiche preisorientierte Einstellung wie beim Einkauf von Produkten war auch die Richtschnur bei der Einstellung, Förderung und Behandlung des eigenen Personals. Mittlerweile hat in diesem Haus ein Umdenken stattgefunden, ich fürchte nur, dass es bereits zu spät ist. Solange also Menschen an den Schalthebeln der großen Handelshäuser sitzen, die nur dem Preisdenken verhaftet sind, brauchen die Hersteller den verträumten Riesen nicht zu fürchten. Aber eines Tages werden sie Menschen haben, die auch die Markentechnik beherrschen, und dann, liebe Hersteller? Schauen Sie einmal nach England hinüber und staunen Sie über die Marktanteile der Handelsmarken. Ganz schön gruslig, nicht wahr?

Die Evolution von »No Name« zur Premiummarke

Ich weiß nicht, wer damit angefangen hat. Eines Tages standen sie bei Tengelmann oder Rewe im Regal und sie sahen wie ärmliche Verwandte der Marke aus und ihren etwas schmuddeligen Auftritt rechtfertigten sie mit einem niedrigen Preis. Na schön, der war Grund genug, den Artikel in den Einkaufswagen zu legen. Wie groß war das Erstaunen, dass diese Artikel dann qualitativ gar nicht viel schlechter waren als die wesentlich teureren Premiumprodukte. Im Grunde war der ärmliche Auftritt nichts anderes als ein Markensignal, das in die Markenbotschaft mündete: »Kauf mich, ich bin billig!« Schließlich kamen die Herren des Handels dahinter, dass nicht nur »arme Schlucker« diese Produkte kauften, sondern auch »Gutbetuchte«. Also wurden die »No Names« zu Marken des Handels, wie Bernd Michael von Grey es formulierte, der sich vielleicht am intensivsten mit dem Spannungsfeld »Hersteller kontra Handelsmarke« auseinander gesetzt hat.

Aber immer noch sind die Marken des Handels in eine pervertierte Strategie eingebunden, die darauf abzielt, nicht viel Geld zu verdienen. Denn richtige Premiummarken, die es in der Ausstattung, Botschaft und Akzeptanz mit den Herstellermarken aufnehmen könnten, sind nur selten zu sehen.

Die Preisstrategie ist eine Verhöhnung kaufmännischen Denkens

»Billig – noch billiger – am billigsten« steht in den Anzeigen der Handelshäuser zu lesen und die Eintönigkeit dieser Aussage wird dann von »Superpreisen«, »Sonderangebot« und »Special Offer« abgelöst und danach gibt es noch Schlussverkäufe und Räumungsangebote und und und … Ist schon klar, dass damit ursprünglich die Käufer nur angelockt werden sollten. Es gab genug andere Artikel, die noch eine ordentliche Rendite abwarfen. Aber die Geschichte geriet außer Kontrolle. Man hat die Leute über Jahre einer Gehirnwäsche unterzogen, die den Preis als einziges und wichtigstes Kaufkriterium übrig ließ. Wen wundert es noch, dass wir beim cleveren »Smart Shopper« landeten, der – natürlich kommt jetzt das viel zitierte Klischee mit dem Porsche – bei ALDI vorfährt und stolz darauf ist, seinen Champagner für 15 Mark eingekauft zu haben. Wenn der Champagner genauso gut ist, warum soll er woanders 45 Mark bezahlen? Da aber heute bei allen Artikeln nach dem niedrigsten Preis gesucht wird und nichts anderes mehr zählt, kommen Händler und Hersteller ganz schön unter Druck, was zu einem erbarmungslosen Darwinismus führen wird. Der Ausweg? Beide müssen sich darauf besinnen, wieder Geld verdienen zu wollen.

Die Hersteller müssen zeigen, dass es außer dem Preis noch andere Gründe gibt, die Marke zu kaufen, und müssen so ihre Existenzberechtigung unterstreichen. Die Händler müssen entdecken, dass durch Markentechnik richtig Geld zu verdienen ist. Dies verlangt natürlich, dass einige Marken des Handels zu Premiummarken werden.

Auch der Handel kann zum Markenwesen werden

Was würde passieren, wenn mich eine Handelskette zu einem Gespräch einladen würde und die verantwortlichen Manager wären Markenleute? Eine faszinierende Vorstellung. Ich würde mit ihnen nichts anderes machen, als ich es in den Markenworkshops bei den Herstellern tue. Also konsequent den Markenweg gehen und die berühmten

W-Fragen stellen, und natürlich würde ich sie provozieren und fragen, welches Entsetzen es auslösen würde, wenn es ihre Kette über Nacht nicht mehr gäbe. Vielleicht würden sie dann ja erkennen, was für eine ungeheure Kompetenz sie verkörpern. Indem sie für Millionen von Menschen Millionen von Produkten einkaufen, haben sie ein einzigartiges Know-how über die Preisleistung erlangt. Vielleicht würden sie feststellen, dass sie ein besonderes Know-how und Wissen bei Elektrowerkzeugen gesammelt haben, und schon kann daraus eine Marke wie »Golden Nugget« entstehen und als Markenbotschaft wird mitgegeben, dass man unter Hunderten von Elektrogeräten die besten für ein »Golden Nugget«-Sortiment ausgewählt hat. Spots könnten zeigen, nach welchen Kriterien man einkauft und wie sehr man bemüht ist, seinen Kunden wirklich das Beste zu bieten. Natürlich kann das Beste nicht billig sein.

Eine Premiummarke verschenkt man nicht. »Golden Nugget« hat natürlich seinen eigenen, immer gleichen Platz in den Ketten, und natürlich hat das Sortiment auch Verkäufer, die auf die Markenphilosophie eingeschworen sind und deren Kleidung ihr Bekenntnis zur Marke zeigt. Selbstverständlich gibt es dazu eine Klubidee mit einer Zeitung, die davon berichtet, was »Golden Nugget« ist und wie und wo man neue »Golden Nugget«-Produktideen sucht, die den hohen Anforderungen der »Digger« gerecht werden. Diese Philosophie kann zu einem Millionengeschäft ausgebaut werden. Man muss nur aufhören, sich am kleinen Geld zu erfreuen.

Nur zur Beruhigung: Die Marke »Golden Nugget« ist lediglich ein Beispiel. Sie brauchen nachher nicht in den

Computer zu schauen, ob der Name geschützt ist. Ich hätte auf die Schnelle auch »Golden Wings« oder »Silver Surfer« oder »Golden Club« anführen können, das Prinzip wäre das gleiche.

Liebe Herren im Handel: Wann lernen Sie endlich von Domizlaff? Dass meine Ermunterung zur Handelspremiummarke den denkbar prominentesten Fürsprecher hat, werden Sie spätestens dann erkennen, wenn Sie Domizlaff gelesen haben: »Nicht der Preis ist entscheidend, sondern das Vertrauen in die Qualität.« Für dieses Vertrauen in die Qualität muss man natürlich glaubwürdige Beweise auf den Tisch legen. Aber Sie haben vorstehend ja gesehen, wie sich eine schier unschlagbare Kompetenz aufbauen lässt. Rührt sich da etwas? Erwacht der Riese nun? Lieber Hersteller, wenn Sie es vorhin vielleicht überlesen haben: Es ist fünf vor zwölf, wenn Sie Ihre Marke fit für den Wettbewerb machen wollen.

21. Grundregel der Markentechnik:
Ein Markenprodukt darf nie über die Preisschiene verkauft werden.

22. Grundregel der Markentechnik:
Demonstrieren Sie Ihre Einkaufskompetenz, aber nicht eine Einkäufermentalität.

I WIE IKONOGRAPHIE

DIE GEBURT DES MYTHOS BEGINNT UND VOLLENDET SICH IM KOPF

Warum erkennt man manche Marken schneller als andere? Warum braucht man bei manchen Anzeigen nur kurz das Bild zu sehen und man erkennt die Marke und hat obendrein bereits eine Meinung oder eine ganze Geschichte im Kopf? Warum erinnert eine erhobene Hand nicht an eine finstere Ideologie, sondern an ein gut gezapftes Bier? Es ist weder Zufall, Zauberei und anderes Blendwerk noch das Ergebnis einer intensiven Gehirnwäsche. Dahinter steckt ein Handwerk, das wie jedes andere einige Lehrjahre verlangt und in dem man nur durch Erfahrung zur Meisterschaft gelangt. Wie in anderen Berufen auch gibt es einige wenige, die beherrschen Markentechnik virtuos, und die Mehrheit gibt vor, damit zurechtzukommen, und der Rest lernt es niemals. Die Markenseminare sind meistens gut besucht und nach meiner Beobachtung werden dort überwiegend auch kluge Fragen gestellt und die Tausende, die aus den vielen Seminaren in ihr Unternehmen zurückkommen, müssten eigentlich sicherstellen, dass wir überwiegend gut geführte Marken haben. Aber das Gegenteil ist der Fall. Ich erkläre mir das so, dass nicht die Manager, die die Entscheidungen fällen, in diesen Seminaren sind, sondern die Führungsebenen darunter, und wenn diese dann in die Beletage aufrücken, haben sie die Markengesetze entweder vergessen oder andere Zwänge sind ihnen wichtiger. Keine zufrieden stellende Erklärung, aber wissen Sie eine bessere?

Schlüsselsignale als Geheimwaffe moderner Markentechnik

Man hat heute nur eine Chance, in dem Informationsbombardement zu bestehen, wenn man die Marke mit Widerhaken ausstattet, die sich im Gedächtnis festkrallen. Schlüsselsignale sind diese Widerhaken, die besser gemerkt und schneller entschlüsselt werden. Solche Zeichenkonfigurationen können Farbkombinationen, der typografische Aufbau einer Anzeige, ein Mann mit einer Augenbinde oder »Frau Clementine« sein. Wenn möglich, sollen diese Signale sofort ins Auge springen. Aber es gibt auch Schlüsselsignale, die ganz ruhig und souverän daherkommen. Als ich vor einiger Zeit vor Studenten eine Mercedes-Anzeige ohne Markenzeichen und ohne Auto zeigte, wusste die Mehrheit, dass es sich um eine solche handelte. Der typografische Aufbau der Mercedes-Anzeige ist zu einem starken Schlüsselsignal geworden. Doch die Voraussetzung ist, dass die Zeichenkonfigurationen genügend Zeit haben, um zu solchen Schlüsselsignalen zu werden. Sie müssen möglichst oft und mög-

lichst lange den Zielgruppen gezeigt werden. Solche
Signale zu erarbeiten ist keine Sache, die einem bei einer
Tasse Kaffee im Strandcafé einfällt, und auch der Trick mit
dem Kaninchen aus dem Zylinder hat bei mir noch nie geklappt, sondern man muss neben einem Blick für Typografie und Markenheraldik viel Systematik, Mühe und
Zeit aufwenden, ehe sich die Schlüsselsignale zu einem
Markengesicht zusammenfügen, das aufregend und doch
seriös, aufmerksamkeitsstark und doch vertrauensbildend
wirkt. Es kommt, wie Sie sehen, eine Menge zusammen,
ehe ein paar Zeichen zu einer Ikone unter den Marken
werden.

Das Gesicht der Marke muss
Charakter zeigen

Die Magie der Marke entsteht aus vielen Ingredienzien.
Wenn Sie eine neue Marke aufbauen müssen, haben Sie
schon einmal das Problem mit dem Namen. Bei 500.000
eingetragenen Markennamen ist es schwierig noch einen
Sinn gebenden Namen zu finden, der nicht geschützt ist.
Wenn Sie keine Zeit verlieren wollen, sollten Sie sich auch
hier Profis holen. Es gibt Agenturen, die nichts anderes
tun, als Markennamen zu erfinden, und die genug Kom-
binationen im Computer haben, die bereits auf bestimmte Assoziationen ausgerichtet sind. Bei der Gestaltung des
Markenlogos sollten Sie darauf achten, dass die Wortmar-
ke auf jeden Fall Vertrauen erweckt. Wenn Sie also nicht
gerade ein »Hot Shop« sind oder Mode oder Unterhaltung zu verkaufen haben, sollte das Zeichen seriös und gut

93

lesbar sein, und zwar möglichst in jeder Größe. Wenn Sie zu dem Namen noch einen Angelhaken stellen wollen, lassen Sie zusätzlich ein Bildlogo entwerfen. Wie wertvoll so ein Bildlogo ist, zeigen der Mercedes-Stern, das Michelin-Männchen, die Shell-Muschel, der Lufthansa-Kranich und viele andere. Das Markengesicht wird wesentlich von der Typografie bestimmt, also wie die Raumaufteilung zum Beispiel einer Anzeige in Verbindung mit der Schrift und dem »Bild-Text-Verhältnis« sich darstellt. Früher war dies die Hohe Schule der Gestaltung und man schwärmte von der Schweizer Schule, die ein schnörkelloses, klares Gestaltungsbild vertrat. Mein früherer Geschäftspartner, Günter Dongowski, war ein engagierter Verfechter dieser Typografie, und unserer Agentur sagt man nach, dass unsere Gestaltung sich durch Klarheit und leichte Lesbarkeit auszeichnet. Wir versuchen auch heute noch diesem Anspruch gerecht zu werden.

Seit nur noch mit dem Computer gestaltet wird, hat sich allgemein das Niveau der Typografie gesenkt. Wir finden nur noch selten jene begabten Menschen, die mit der Schrift eine Kultur ausdrücken können. Aber hier kann schon morgen eine Trendwende einkehren und die Entscheider bekommen wieder einen Blick dafür, was gute Typografie ist und wie schrecklich das aussieht, was teilweise in der Industrie im Do-it-yourself-Verfahren zusammengebastelt wird.

Aber es lohnt sich, wie wir bei Mercedes gesehen haben, der Typografie wieder mehr Aufmerksamkeit zu schenken. Der Charakter der Mercedes-Anzeigen, der so typisch und merkfähig ist, kommt nicht von ungefähr. Es wurde ein begnadeter Schriftdesigner engagiert, dem es gelang, dem Geist der Marke im Schriftcharakter Ausdruck zu geben. Sicher hat man viel Geld dafür ausgegeben, aber jede Mark war gut investiert.

Wie Sie Ihre Marke noch schneller machen können

Wenn Sie noch keine haben, legen Sie sich eine Hausfarbe zu. Als ich meine ersten Gehversuche in der Markentechnik machte, war ich, wie schon erwähnt, Kommunikationsmanager bei Wolf-Geräte. In den siebziger Jahren wurde diese Marke nach ehernen Markengesetzen geführt. Nicht nur die Rasenmäher zeigten konsequent die rot-gelbe Farbkombination, sondern natürlich auch alle Werbemittel, und selbst das damalige Verwaltungsgebäude war rot-gelb angestrichen. Ich war mit dieser Farbkombination zwar nie besonders glücklich, da sie mir nicht wertig genug erschien, trotzdem kam ich nie auf den Gedanken, sie ändern zu wollen.

Denn zumindest im Gartenmarkt war das Rot-Gelb ein Schlüsselsignal für Qualität, das den Markennamen Wolf-Geräte kommunizierte. Das Zusammenspiel aller Gestaltungselemente führt dazu, dass die Marken Prägnanz bekommen und dadurch schneller werden. Doch diese Konfiguration muss gelernt sein, ehe sie ihre Wirkung erzielt. Damit schließt sich der Kreis und es wird verständlich, warum Marken Kontinuität brauchen.

Wie Bilder zu Turbosignalen werden

Sie können durch die Bildkultur in Anzeigen, Prospekten und TV-Spots, also durch die Art der Fotografie, einen »Turbo« zur schnelleren Wiedererkennung einsetzen. Die hohe Kunst der Markentechnik besteht darin, einen visuellen Stil zu finden, der einerseits vom Betrachter sofort der Marke zugeordnet wird und andererseits positive Empfindungen und Einstellungen auslöst. So entwickelten wir für Geberit, der wohl größten Installationsmarke Deutschlands, den »blauen Raum«, in den alle Produkte hineingestellt wurden und der zu einem Turbosignal für Innovation und Qualität der Marke wurde. Nach Kroeber-Riel ist innerhalb von zwei Sekunden eine Botschaft in die Köpfe der Zielgruppe zu »schießen«. Diese Schnelligkeit erreicht man, wenn für das Gehirn eine immer gleiche Stilistik zur Information wird. Als wir den Auftrag bekamen, für Porsche Design eine neue Weltkampagne zu entwickeln, wahrten wir die Kontinuität des vorhandenen Markengesichts, indem wir bei dem dunklen Hintergrund der Bilder blieben, aber dabei die Menschen in einer philosophischen Gelassenheit zeigten, die jeden Vergleich oder eine Assoziation mit einer so genannten »Schickimicki-Marke« ausschloss. Wie Domizlaff es formulierte, zeigte diese Megamarke geradezu klassisch den Stil einer »unaufdringlichen Vornehmheit und selbstsicheren Würde«.

Das Lächeln der Monroe
als genetischer Code der Marke

Seit dem Sündenfall haben die Möglichkeiten der Versuchung eine beträchtliche Steigerung erfahren. Angeblich sollen uns tagtäglich 20.000 Werbeappelle in Versuchung führen. Die Schlüsselsignale der Marke bewirken, dass sie im Bombardement schnell erkannt werden und Wissen und Einstellungen freisetzen und Bilder aktivieren. Doch vorher muss unser Gehirn auf diese Signale konditioniert und mit Bedeutungsinhalten abgespeichert worden sein. Nehmen wir ein ganz simples Beispiel: ein sinnlich geöffneter Mund, zwei Augen und ein Schönheitsfleck, und schon können wir die Bilder der Marilyn Monroe abrufen, zum Beispiel die berühmte Szene auf dem U-Bahn-Schacht oder die Szene mit Tony Curtis und der Shell-Muschel am Strand von Miami Beach. Vielleicht meinen Sie nun, dies funktioniert nur mit Filmstars. Sie brauchen nur einen weißen Keil mit einem roten Dach zu versehen und diese Kombination wird zum Signal für eine der berühmtesten Marken der Welt. Das Bild vom Marlboro-Cowboy am Lagerfeuer hat sofort jeder Betrachter des westlichen Kulturkreises vor Augen.

Komprimiere die Markenidee
in ein Superzeichen

Damit kommen wir gewissermaßen zum Königsweg der Markentechnik. Dabei ist das Superzeichen fast so alt wie die Werbung selbst: Schaffe ein Signal, das für eine Idee steht. Ob Ogilvys Mann mit der Augenklappe für Hathaway Shirts oder Zahnbürste und Tomate für Dr. Best oder der Tiger für Esso – immer sind diese Superzeichen durchschlagend, wenn sie konsequent und über Jahre hinweg unverändert eingesetzt werden. Mit dem Superzeichen ist es wie mit dem Wein, es wird mit den Jahren immer wertvoller. Kroeber-Riel, mit dem ich bei Silit und Underberg zusammengearbeitet habe, ging so weit, dass er bei einem Superzeichen oder Marken-Keyvisual, wie er es nannte, sogar auf den Sinn verzichtete: So habe ich nie verstanden, was in der Werbung der schwarze Panther auf dem Kochgeschirr der Marke Silit zu suchen hatte, abgesehen davon, dass das Emailgeschirr auch schwarz war. Natürlich war es ein aufmerksamkeitsstarkes und sehr merkfähiges, aber auch merkwürdiges Symbol. Denn wo war der Zusammenhang mit dem Markenkern? (Sie können sich vorstellen, dass unsere Zusammenarbeit zwar hochinteressant, aber nie ganz spannungsarm war.) Doch wenn so ein Superzeichen glaubwürdig für eine Idee steht und erst einmal in den Köpfen verankert ist, kann es zu einem »Viele Millionen Euro«-Zeichen werden. Deswegen zerbrachen wir uns die Köpfe für Oppacher Quellen und schufen den Pegasus als Superzeichen, und für Robotron/Soemtron ließen wir den Löwen auf den Schreibtisch springen. Es verlangt Courage, sich für ein solches Superzeichen zu entscheiden, aber wenn es gekonnt und konsequent eingesetzt wird, ist es in der Wirkung wie der Sprengsatz einer Rakete, der Sie in neue, ungeahnte Umsatzhöhen bringt.

22. Grundregel der Markentechnik:
Statten Sie Ihre Marke mit Zeichenkonfigurationen aus,
die zu Schlüsselsignalen werden können.

23. Grundregel der Markentechnik:
Machen Sie durch die Stilistik der Fotografie oder Illustration die Bildkultur Ihrer Marke zu Turbosignalen.

24. Grundregel der Markentechnik:
Versuchen Sie die Idee der Marke in einem Superzeichen
(Marken-Keyvisual) zu komprimieren.

J WIE JUGEND

DIE GEILHEIT DER TRENDMARKEN
IST STETS VON KURZER DAUER

Als Mitfünfziger über die Marken der Achtzehnjährigen zu schreiben, ist so, als wenn ein Farbenblinder ein Bild von Cézanne beschreiben will. Wenn Sie also der Meinung sind, dass ich Ihnen für Jugendmarken nicht kompetent genug bin, dann will ich Ihnen gerne Recht geben, und Sie überspringen einfach dieses Kapitel. Als ich unsere 23-jährige Junior-Art-Directorin bat, mir doch einige Kultmarken zu nennen, schrieb sie mir ungefähr dreißig Marken auf ein Stück Papier, und zu meiner Verzweiflung kannte ich keine einzige davon. Aber vielleicht haben Sie bereits von Marken wie Eastpack und New Balance gehört und fragen sich, in welcher Welt ich bisher gelebt habe. Aber ich kann mich wenigstens darauf hinausreden, dass ich schließlich nicht Zielgruppe bin und vielen dieser Marken außerdem gemeinsam ist, das sie kaum beworben werden. Fast über Nacht, und den Grund weiß eigentlich keiner so richtig, sind sie »hip« und Erkennungszeichen der Zugehörigkeit, und wer sie nicht trägt oder hat, gehört zu denen, die im Schatten leben. Allein durch Mund-

propaganda in den Szenelokalen tauchen sie wie Stern-
schnuppen plötzlich auf und verglühen dann aber auch
recht schnell wieder. Es sind überwiegend Marken, die
mit Mode zu tun haben, aber auch ein paar Biere gehören
dazu und ihrer Popularität schadet es nicht einmal, dass
sie nach meinem Geschmack fürchterlich schmecken. Das
Wort »Trend« deutet es bereits an, dass die Blütezeit dieser Marken relativ kurz ist, sie also recht schnell wieder
aus der Mode kommen.

Von vernünftiger Markenführung, sorgfältigem Aufbau
und von Pflege kann da keine Rede sein. Natürlich kann
man versuchen, die Trendmarke weiterzuentwickeln und
auf breite Verbraucherkreise auszurichten und eine Le-
bensanschauungsmarke oder etwas Ähnliches aus ihr zu
machen. Aber Operationen an der Identität sind mit
einem hohen Risikofaktor verbunden, was schon mancher
Hersteller schmerzlich erfahren musste. Wer sich in diesen Märkten bewegen muss, braucht vielleicht tatsächlich
einen Trendscout, also einen Seismografen, der zuverlässig meldet, was in der Szene so abgeht oder nicht. Aber ob
Ihnen das wirklich bei Ihrer Modemarke hilft? Da sollten
Sie sich einmal in New York umhören. Ich habe meine
Zweifel, ob man mit den Informationen viel anfangen
kann. Von großen Erfolgen war jedenfalls nichts zu hören.
In letzter Zeit sollen einige Trendagenturen zugemacht
haben (*Die Zeit*, Nr. 45, 2.11.2000). Auf jeden Fall braucht
man starke Nerven.

Die fraktale Marke ist gebündelter Schwachsinn

Wir Werber sind in der Regel, was Jugendmarken anbelangt, unheimlich kompetent. Schließlich liegt das Durchschnittsalter in den Agenturen recht nahe an denen der Käufergruppen solcher Trendmarken und davon abgesehen: Alles, was neu ist, zieht uns ohnehin mächtig an. Und diese Trendmarken haben ja als Markenkern bestenfalls den Zeitgeist zu bieten und da lässt sich natürlich ohne lästige Hemmnisse kräftig die Kreativtrommel schlagen. Trendmarken machen also Spaß, zugegeben. Aber richtige Marken sind sie eigentlich nicht, denn sie haben weder eine Botschaft noch lösen sie Probleme.

Eigentlich haben sie keine wirkliche Berechtigung und niemand vermisst sie, wenn sie verschwunden sind. Eine Marke, die einen Trend verkörpert, ist ein Widerspruch in sich, denn bevor sie zur Marke wird, ist der Trend vorbei und sie hat sich damit selbst erledigt. Ein großer Trend-Guru rät dazu, auf den Trends zu surfen. Doch eine Marke, die sich ständig an Zeitströmungen anpasst, kann aus dem gleichen Grund ebenfalls nie zur Marke werden. Es gibt also keine Alternative zur ernsthaften Markenarbeit.

Marken mit Substanz haben eine Botschaft

Es gibt auch unter den Jugendmarken solche wie Nike, Sony usw., die Substanz haben und glaubwürdig einen Markenkern vermitteln. Sie haben etwas zu sagen, und

selbst wenn sie einmal nicht zu den absoluten Top-Kult-
marken gehören, überleben sie durch ihre Ehrlichkeit und
die Notwendigkeit ihrer Existenz. Beispiele hierfür sind
Adidas und Puma. Sie bleiben starke Marken, obwohl sie
zeitweilig bei der Avantgarde nicht so populär waren. Sie
merken an dem Auf und Ab, dass dies ein Geschäft ist, das
am besten von Leuten betrieben wird, die aus der Unter-
haltungsindustrie kommen.

Marken dürfen sich nicht anbiedern

Ich will hier gar nicht die peinlichen Versuche kommen-
tieren, bei denen versucht wird, eine Jugendsprache nach-
zuäffen und mit »hey« und »cool« den Jugendlichen an-
biedernd zuzurufen, dass man zu ihnen gehört. Geradezu
tragisch ist das, was bei Levis zu beobachten war. Jahrzehntelang vermittelte Levis das amerikanische Lebensge-
fühl und Pioniergeist. Es gab Fernsehspots, die gehören
zum Besten, was Werber je inszeniert haben. Plötzlich begann Levis »Flat Eric« über den Bildschirm zu schicken.
Vielleicht weil coole neue Manager der Meinung waren,
jugendliche Käufer nicht mehr zu erreichen. Kann ja sein,
dass die Jugendlichen »Flat Eric« witzig und »echt geil«
fanden. Aber ich glaube nicht, dass es Levis allzu viel
genützt hat. Eine neue Kampagne deutet an, dass man
inzwischen aufgewacht ist.

Gewinnen Sie beizeiten die Herzen Ihrer künftigen Käufer

Auch wenn Ihre Produkte nicht von Jugendlichen gekauft werden, sollte bei der Markenarbeit diese Zielgruppe nicht vernachlässigt werden. Ob Sie nun einem Autohersteller vorstehen oder einer Bank oder gar Zahnpasta an die Zähne bringen müssen, nutzen Sie die Möglichkeit, Sympathien bei Kindern und Jugendlichen aufzubauen. Hiermit meine ich nicht Bleistifte, Stundenpläne, Anspitzer und ähnliche nützliche Dinge, sondern Konzepte, die den Jugendlichen bei der Berufswahl oder bei der Studienwahl helfen können. Denken Sie an »Jugend forscht« von der Zeitschrift Stern. Überdenken Sie einmal Ihr Sponsoring und lenken Sie einen Teil Ihrer Aktivitäten auf die Käufer von morgen um.

Eine Marke muss sich auch im Zusammenhang mit der gesellschaftlichen Entwicklung weiterentwickeln und darf sich als Markenwesen ihrer Verantwortung nicht entziehen. Laut Faith Popcorn ist die Zeit nicht mehr fern, da werden Marken auch hinsichtlich ihres ethischen Verhaltens beurteilt, bevorzugt oder abgelehnt. Die Möglichkeiten, Jugendliche frühzeitig und nachhaltig an die Marke heranzuführen, sind vielfältig. Sie können etwas für die Bildung und Weiterentwicklung tun, Sie können sich gegen Drogenkonsum engagieren oder die Jugend zu Konzerten schicken. Der Effekt wird eine lebenslange Bindung an Ihre Marke sein.

Manchmal leitet der Beifall die Beerdigung ein

Die heutigen Jugendlichen haben ein wesentlich unbefangeneres Verhältnis zur Werbung als meine Generation. Sie konsumieren Werbung wie Unterhaltungsfilme und Spaß ist es vor allem, was sie von den Werbefilmen verlangen. Je höher der Spaßfaktor, desto größer die Aufmerksamkeit. Damit ist aber noch nicht gesagt, dass die Jugendlichen das Produkt auch kaufen. Zum einen, weil der Spaß wichtiger wurde als die Botschaft und diese zudeckte, zum anderen, weil keine Botschaft mehr da war. Als Camel auf die aberwitzige Idee kam, ihr Konzept »Ich geh meilenweit für eine Camel« zu verlassen, und stattdessen anfing, mit ihrem Markenzeichen herumzuspielen, brandete jedes Mal im Kino Beifall auf. Man amüsierte sich köstlich und ich muss sagen, auch ich habe mich prächtig unterhalten gefühlt, aber gekauft habe ich Camel deswegen nicht und wohl auch kaum einer der Jugendlichen. Mag ja sein, dass die Werte mittlerweile besser geworden sind, seien es die Identifikationswerte der Raucher, seien es die Marktanteilszahlen, aber eine Marke von Wichtigkeit wird Camel wohl kaum noch werden. Aus Leichtsinn oder Unwissenheit wurde eine starke Marke um ihre Zukunft gebracht, denn der ehemalige Markenkern war noch entwicklungsfähig und hätte hervorragend zur Globalisierung unserer Welt gepasst. Analysieren Sie doch einmal, welche Werbespots in Cannes jedes Jahr prämiert werden. Ich gehe davon aus, dass in der Jury nur die besten Werber der europäischen Werbeszene sitzen – und welche Spots prämieren diese Götter der Werbewelt? Es wird Sie nun nicht gerade vom Hocker hauen, dass die meisten Spots auf die Lachmuskeln zielen, jedoch nicht unbedingt auf die Kaufmotivation. Das sagt viel über die Verkaufswirkung der Spots aus, aber auch über das Selbstverständnis der Werber.

25. Grundregel der Markentechnik:
Marken dürfen sich nicht anbiedern oder kurzfristigen Trends nachlaufen.

26. Grundregel der Markentechnik:
Entwickeln Sie ein Programm, das die zukünftigen Käufer an Ihre Marke bindet.

K WIE KERNKOMPETENZ

DIE FRAGE ÜBER SEIN ODER NICHTSEIN
KENNT NUR EINE ANTWORT

Heute ist noch »Shareholder-Value« das meistzitierte
Wort in den Vorstandsetagen. Ich glaube, dass es recht
bald »Brand-Value« sein wird. In der Werbepresse wird
immer öfter auf ein neues Kriterium für den Erfolg hingewiesen: den Markenwert. Auch Ranking-Tabellen tauchen jetzt häufiger auf und zeigen, dass unter den 15 wertvollsten Marken der Welt nur eine deutsche Marke geführt wird. Wen wundert es, dass es Mercedes ist? In der
Vergangenheit hat man sich über den Wert von Marken,
insbesondere Unternehmensmarken, nicht sehr viele Gedanken gemacht. Man hat vielleicht Produktmarken gepflegt, aber die Kärrnerarbeit nicht auf die Unternehmensmarke ausgedehnt. Die Bestrafung erfolgt, wenn
man den Weg zur Börse geht. Es liegt auf der Hand, dass
Unternehmen mit einem klaren Profil und einer eindeuti-
gen Kernkompetenz besser beurteilt und aufgenommen
werden. So kommt es denn, dass sich in letzter Zeit einige
Unternehmen an uns wandten, die starke Produktmarken
hatten, aber deren Unternehmensmarke nicht viel mehr

als eine Adresse war, also keine werteerklärende Ausstrahlung hatte. Es waren sogar Unternehmen, die noch nicht einmal an die Börse wollten und doch beizeiten ihr Problem erkannten. Die Aufgabe des Markentechnikers besteht in diesen Fällen darin, die Kernkompetenz der Dachmarke zu bestimmen und mit den Leistungen der Produktmarke zu belegen. Interessant wird es, wenn mehrere starke Produktmarken vorhanden sind, deren Kompetenzfelder jedoch weit auseinander liegen. Was dann zu tun ist, kommt auf den jeweiligen Fall an und kann nicht generalisiert werden. Auf jeden Fall ist eine Entscheidung über die langfristige Ausrichtung des Unternehmens notwendig.

Das Markenprofil als Kompass für die Markenführung

Bei mehreren starken Produktmarken geben die W-Fragen die Antwort, wohin das Schiff zu steuern ist. Dies setzt natürlich voraus, dass auch die Produktmarken eine klare Positionierung besitzen, sodass man beurteilen kann, welche Kernkompetenz für den langfristigen Unternehmenserfolg am besten zu belegen ist. Oft ist es so, dass auch die Produktmarken keine eindeutige Positionierung haben. In diesen Fällen ist hier erst einmal eine Bestimmung vorzunehmen. Als Nebeneffekt sollte man die Gelegenheit nutzen und gleichzeitig die Argumentationsketten der Marken verbindlich festlegen. Man kann kein Haus bauen, wenn man keine Vorstellung von dem Haus hat. Deswegen ist zur Kompetenzbestimmung immer das Profil der Markenpersönlichkeit heranzuziehen und die »Architektur« mittels einer Kompetenzpyramide festzulegen.

Die Unternehmensmarke

Eine Unternehmensmarke mit einer starken, durchgesetzten Kernkompetenz kann viele Produktmarken speisen und dadurch auch viele Marktbereiche abdecken. Dies erlaubt nicht nur wesentliche Einsparungen, sondern auch die Entwicklung zur omnipotenten Supermarke. Wolf-Garten hat zum Beispiel eine hohe Kompetenz für Gartenprodukte und kann infolgedessen unter der Marke so unterschiedliche Produkte wie Hacken, Rechen, Rasenmäher, Scheren, Dünger und Samenprodukte anbieten. Angefangen hat es einmal mit Handgeräten, wie zum Beispiel Hacken und Rechen.

Die Produktmarke spielte immer nur die Rolle eines Wegweisers im Wolf-Garten-Angebot. Die Ausstrahlung und Stärke der Dachmarke beruht auf einer konsequenten, jahrzehntelangen richtigen Markenpolitik und der kontinuierlichen Kompetenzentwicklung. (Wenn Wolf-Garten heute nicht mehr wie in den siebziger Jahren die Marktführerschaft innehat, so ist das Ansehen der Marke bei den Verbrauchern jedoch noch ungebrochen.) Gardena, auch ein »Flugzeugträger« im Gartenmarkt und ein Solitär unter den deutschen Marken, hat ihre Kernkompetenz im Wasserbereich. Lange Zeit tat sich die Marke schwer, in anderen Produktbereichen eine genauso dominierende Rolle zu spielen. Mittlerweile hat die Marke jedoch eine derartige Vertriebsstärke, dass man mit der Marke Gardena sogar Rasenmäher verkaufen kann. Doch ich bin überzeugt, dass das Unternehmen noch erfolgreicher wäre, wenn es für Rasenmäher und andere Motorgeräte, auch für untere Preisklassen, separate Marken mit klaren Kompetenzen aufgebaut hätte. Es ist natürlich immer verführerisch, die Unternehmensmarke als Flugzeugträger zu benutzen. Aber nicht immer ist dies der erfolgreichste Weg.

Kernkompetenz wird zur Schicksalsfrage der Unternehmen

Warum gibt es heute zwei Nachrichtenmagazine, zwei Wirtschaftszeitungen, mehrere Wirtschaftsmagazine und ungezählte Special-Interest-Titel? Die Individualisierung ist überall zu beobachten, und der Smart ist ein schönes Beispiel dafür, da man sich das Auto auf seinen persönlichen Geschmack hin zusammenstellen kann.

Die Kernsegmente für Marken werden immer kleiner. Wenn man die Zielgruppe »treffen« will, muss man schon eine spitze Positionierung herausarbeiten, die auch einfach und verständlich ist. Die Zeiten, in denen man aus Ängstlichkeit »sowohl als auch« belegt hat, sind längst zu Ende.

Der Automobilmarkt zeigt mit seiner Modellpolitik exemplarisch, wie man auf die Individualisierung antworten muss. Sein oder Nichtsein wird zukünftig davon abhängen, ob man die Positionierung als Antwort auf die Bedürfnisse eines Zielgruppensegments sichtbar machen kann.

Seien Sie ganz einfach anders
als die anderen

Als wir uns im Rahmen eines Auftrags einer großen Nutzfahrzeugmarke die Positionierung der veröffentlichten Kommunikation der gesamten Branche ansahen, staunten wir nicht schlecht. Die meisten Anzeigen der Konkurrenten ließen keine Positionierung erkennen. Im Grunde sagten sie alle das Gleiche. Ihre Lastwagen waren natürlich alle wirtschaftlich und langlebig und sicher und so weiter. Die Versprechen in den Headlines waren oft sogar witzig und mit Wortspielen aufgeputzt, aber für den Entscheider manchmal rätselhaft. Die Aussagen zeigten weder Kontinuität, noch waren sie anders, und überwiegend waren sie austauschbar. Man sollte doch meinen, dass bei Weltmarken die besten Profis arbeiten und man ein genaues Profil von sich und den wichtigsten Konkurrenten im Kopf hat. Für das Unternehmen, das wir markentechnisch betreuten, stellte diese Inkonsequenz in der Kommunikation der Konkurrenten natürlich eine Chance dar.

Es ist einfach erstaunlich, dass viele Millionen ausgegeben werden, ohne dass der Grundsatz »Ich weiß, wer ich bin, und ich sage, wer ich bin« umgesetzt wird. Machen Sie sich einmal die Mühe und analysieren Sie die veröffentlichte Kommunikation Ihrer Konkurrenten aus den letzten fünf Jahren und stellen Sie Ihre eigenen Veröffentlichungen dagegen. Nun, erkennen Sie die Chance?

Die Kernkompetenz nicht nur in der Werbung sichtbar machen

Die Kernkompetenz ist nicht nur eine Vorgabe für die Werbung, sondern für alle Maßnahmen des Unternehmens. Alle Unternehmensprozesse sind auf die Verwirklichung und Verdeutlichung der Identität auszurichten. Entwicklung, Produktion, Qualitätskontrolle, Service, Personal und Kommunikation machen den Markenkern sichtbar. Dies verlangt Pflegearbeit, dies verlangt Überwachung. Denn nur zu schnell verfälschen kurzfristige Ziele die Leitlinien der Markenkernstrategie. Wenn Sie die Überwachung nicht übernehmen können, müssen Sie sich schon »Sheriffs« zulegen, die dies für Sie tun. Ich bin davon überzeugt, dass es in einigen Jahren in den meisten Unternehmen Brandmanager geben wird, die die Steuerungs- und Überwachungsfunktion übernehmen. Wenn der Markenkern und die Markenbotschaft dem Verbraucher eine Antwort geben, ist Sein oder Nichtsein keine Frage mehr.

27. Grundregel der Markentechnik:
Richten Sie die Markenbotschaft auf die Kernzielgruppe aus.

28. Grundregel der Markentechnik:
Seien Sie dabei einfach und verständlich und erwecken Sie nicht den Eindruck, für alles zuständig zu sein.

29. Grundregel der Markentechnik:
Die Durchsetzung der Kernkompetenz ist mit allen Unternehmensinstrumenten zu verwirklichen.

L WIE LEISTUNG

WO GEHT'S DENN NUN ZUR ZUKUNFT?

Es war einmal ein Land, das für seine Tüchtigkeit bekannt war und deswegen bewundert und auch beneidet wurde. Es zettelte einen Krieg an und verlor ihn auf fürchterliche Weise. Zehn Jahre später stand das Land besser da als die Sieger. Und das Ausland witzelte voller Respekt: »Schicke einen Deutschen mit einer Blechdose in den Urwald und er kommt mit einer Lokomotive wieder heraus.« Und nach der glücklichen Vereinigung der beiden deutschen Staaten glaubten wir Deutschen ohnehin, dass uns keiner übertreffen kann. Doch plötzlich war der Traum zu Ende und wir mussten feststellen, dass die anderen aufgeholt hatten und mittlerweile genauso viel, wenn nicht gar mehr leisteten. Ich meine hier nicht die »Rumpelfüßler« von der Nationalmannschaft, die doch auch nur ein Spiegelbild unserer Gesellschaft sind, sondern die Leistungsfähigkeit des Wirtschaftsstandortes Deutschland. Wir regen uns heute nicht einmal mehr darüber auf, dass die Leistungsstärke unserer Schüler, wie der Bremer Bildungsminister klagt, sich im Vergleich zu anderen Ländern gerade noch im Mittelfeld befindet und vielleicht morgen schon unter den Drittländern angelangt ist. Wir reiben uns nicht ein-

mal mehr die Augen, wenn uns Statistiken zeigen, dass der
Wirtschaftsstandort Deutschland in der Rangliste hinter
»Megastandorten« wie Singapur, Niederlande, Norwegen
und Dänemark zurückgefallen ist. Was ist passiert?

Was zum Himmel ist denn die Botschaft?

Die »Spaßgeneration« verlangt, wie wir gesehen haben,
auch von der Markenwerbung, dass sie vor allem die
Lachmuskeln in Bewegung bringt. Und wenn Sie sich die
Entwicklung der Medien anschauen und das Herabsinken
des Niveaus, dann sind die Warnungen schon ernst zu
nehmen, die uns Menschen das Ende als unterhaltungs-
geile Idioten mit dem Lebensmotto »Brot und Spiele«
prophezeien. Es gibt viele Indizien dafür und »Big Bro-
ther« ist im Moment nur das zynischste und entlarvends-
te. Auf der EXPO, die wohl dafür das Geld der Steuer-
zahler verschlang, um der Welt die Identität, also die Leistungsstärke von Deutschland, zu zeigen, wurde unter dem
Titel »Die Brücke zur Zukunft« ein Film über unser Land
gezeigt.

Als ich nach zehn Minuten etwas betäubt den Vor-
führungsraum verließ, hörte ich hinter mir jemanden
murmeln: »Was ist denn nun unsere Zukunft?« Ich war
darüber einigermaßen beruhigt, denn ich verließ mit der
gleichen Frage die Brücke. Ich hatte zwar sehr schöne Bilder gesehen über ein Land, in dem gern gefeiert wird und
viele glückliche Menschen leben, aber eine Botschaft für
die Zukunft habe ich nicht entdecken können. Genauso

ist es mir im Markenpavillon Volkswagen in der Autostadt in Wolfsburg ergangen. Ich sah einen Film über zwei Mädchen, die ihrer Leidenschaft nach Perfektion in verschiedenen Berufen nachgingen. Wunderschön fotografiert, aber umständlicher war die Botschaft »Perfektion« wirklich nicht mehr rüberzubringen. Den Bezug zum Auto habe ich vergeblich gesucht. Wahrscheinlich hat man das Treatment dieses Films den VW-Verantwortlichen so verkauft: »Wir wollen doch nicht diese grässliche Vordergründigkeit bedienen. Na, sehen Sie!«

Immer häufiger begegne ich dem Phänomen der auftragslosen Botschaft. Es wird einfach unterhalten und dabei die eigene Existenz angemeldet, und das war es auch schon. Man ist damit zufrieden, weil man meint, dass etwas anderes ohnehin nicht mehr interessiert. Womit wir wieder bei dem katastrophalen Umfrageergebnis sind, dass die Mehrheit der Verbraucher glaubt, dass es keine Unterschiede bei den Marken gibt.

Wenn Sie nicht besser sind, dann lassen Sie es besser

Wenn Sie mit Ihrer Marke keine Begründung liefern können, die anders ist und obendrein besser die Verbraucherwünsche bedient, sollten Sie es sich gut überlegen, ob Sie die Flopstatistik bedienen wollen. Jedes Jahr werden Millionen DM zum Fenster rausgeworfen, weil man im Produkt keinen Unterschied zu der Konkurrenz darstellen kann oder will und nur mit ungeheurem Werbedruck überhaupt eine Resonanz im Markt erzielt.

Dass wir in gesättigten Märkten leben, ist keine sensationelle Erkenntnis, doch Sie müssen heute nicht nur die direkte, sondern auch die indirekte Konkurrenz beachten. Ob sich jemand einen neuen Fernseher kauft, hängt auch damit zusammen, ob es dann noch für eine Reise nach Mallorca reicht. Sie haben es also durch die indirekte Konkurrenz schwer genug. Deshalb müssen Sie wenigstens, sollte sich Ihr Kunde zum Fernseher durchgerungen haben, einleuchtende Gründe liefern, warum gerade Sie das richtige Angebot haben. Sollten Sie keine Lücke hinterlassen, wenn es Sie nicht mehr gibt, haben Sie ein Problem: entweder mit Ihrem Angebot oder mit der Strategieausrichtung, was Sie nun wirklich darstellen. In diesem Fall sollten Sie möglichst bald einen Markentechniker heranziehen.

Wenn nichts mehr geht, geht's vielleicht durch Markentechnik

Seit fast dreißig Jahren kümmere ich mich ums Büro. Nicht nur scheinbar simple Produkte wie Organisationsregistraturen, sondern auch Kommunikationsmittel vom Telefon bis zum Computer, von der Sprechanlage bis zum Drehstuhl habe ich in dieser Zeit betreut. Besonders spannend war Ende der siebziger Jahre die Einführung des Fernkopierers. Heute kann sich niemand mehr vorstellen, welche Schwierigkeiten am Anfang zu überwinden waren, dieses Produkt den Unternehmen »schmackhaft« zu machen. Das Internet ist dagegen fast ohne Widerstände akzeptiert worden.

Aber die überlegene Technologie gegenüber Telex führte schließlich doch dazu, dass heute in fast jedem Unternehmen ein Faxgerät steht. Schwieriger war es da schon, eine Marke für Sitzmöbel im Markt zu positionieren. Denn auf den ersten Blick scheinen sich die Markenangebote nur durch ihre Formgebung zu unterscheiden und manchmal nicht einmal das.

Nach dreißig Jahren kann ich mich wohl ohne Übertreibung als Sitzmöbelfachmann bezeichnen. In den siebziger Jahren erfand ich gemeinsam mit meinem damaligen Kunden Sedus die Idee vom aktiv-dynamischen Sitzen als Positionierung. Mittlerweile reklamiert jeder Bürodrehstuhlhersteller das dynamische Sitzen für sich, und wer halbwegs vernünftiges Geld für seinen Bürodrehstuhl erzielen will, muss darstellen, dass dieser ergonomisch richtig konstruiert ist und den Körper ständig in Bewegung hält. In den frühen achtziger Jahren habe ich die Marke Röder und Ende der achtziger Jahre Dauphin betreut und insbesondere Dauphin dabei unterstützt, zur bedeutendsten Bürositzmöbelmarke Europas zu werden.

Der Markt ist eigentlich verteilt und die deutschen Bürodrehstuhlhersteller prägen den europäischen Markt. Vor drei Jahren hatte ich einen Bürodrehstuhlhersteller aus Dänemark zu positionieren. Labofa wollte in den Premiummarkt, dazu brauchte man eine werteerklärende Ausstrahlung, aber vor allem brauchte man einen abgrenzenden Markenkern. Es bestand von Anfang an Klarheit darüber, dass die Marke nur eine Chance hatte, wenn sie im Angebot des Bürofachhändlers eine Alternative zu seinem vorhandenen Angebot darstellte, in der Regel die besten deutschen Marken wie Dauphin, Vitra, Sedus und andere. Eine genaue Analyse der Produkte ergab, dass sich Labofa-Sitzmöbel dadurch auszeichnen, dass sie, vereinfacht gesagt, nicht einen waagrechten Sitz hatten, sondern einen nach vorn geneigten, sodass die Blutzirkulation in den Beinen nicht behindert wird. Diesen Vorteil, zusammen mit einer großen dynamischen Rückenlehne, entwickelten wir zur »Vollendung der ganzheitlichen Ergonomiephilosophie« und begründeten diese mit dem »offenen Sitzwinkel«. Eine Positionierung, die vom Handel sofort verstanden wurde. Er hatte ein neues Argument für seine Verkaufsgespräche.

Als Keyvisual wählten wir einen Mann, der in einer meditierenden Haltung in einem Ei saß, was die Entspannung durch die ganzheitliche Philosophie ausdrücken sollte. Zur Einführung schickten wir an die besten Händleradressen Deutschlands ein Straußenei, das in Afrika eigens für Labofa mit phantastischen, naiven Stuhldarstellungen bemalt wurde. Obwohl der Markt eigentlich hoffnungslos überbesetzt ist, konnte die Marke unter anderem bei vielen sehr guten Händleradressen Deutschlands untergebracht werden.

Die Zukunft gewinnt man durch Leistung

In diesem Beispiel kamen mehrere Dinge zusammen, die für eine erfolgreiche Markendurchsetzung Voraussetzung sind. Die Produkte des Herstellers waren durch ihre Konstruktion eine Alternative. Labofa konnte die ganzheitliche Philosophie als einzige Marke so demonstrativ beweisen. Und in aller Bescheidenheit: Die Agentur erkannte, dass hier eine neue Botschaft für den Markt da war. Dabei haben wir nur die W-Frage »Warum?« beantwortet. Und nicht zuletzt: In dem damaligen Geschäftsführer Detlef Schiller hatte ich als Markentechniker den kongenialen Partner, der diese Markenidee mutig mittrug und die Markenphilosophie mit einer begeisterten Mannschaft umsetzte. Die Märkte werden immer enger – die Angebotsunterschiede immer weniger wahrgenommen. Wer jedoch auch in Zukunft wettbewerbsfähig bleiben will, muss seinen Markenmehrwert aufzeigen können: Leistungsvorteile.

30. Grundregel der Markentechnik:
Lassen Sie sich nicht auf Werbesprüche ein, sondern geben Sie gegenüber dem Kunden ein ehrliches Leistungsversprechen ab.

M wie Motivation

Es geht ums Verkaufen und um nichts anderes

Lassen Sie sich da nichts einreden. Alle unsere vielen Gedanken zur Markenführung haben nur einen Sinn: Der Kunde soll bei uns kaufen, weil er uns vertrauen kann. Bei richtiger Markenführung geht es eben nicht darum, den Leuten etwas vorzumachen oder sie zu überreden, sondern es geht darum, ihnen etwas zu zeigen, was sie haben wollen und was mit ihren Wünschen übereinstimmt. Und was ist schlimm daran, dass Sie dabei etwas verkaufen? Die Verbraucher verstehen durchaus, dass dies Ihr legitimes Anliegen ist. In gewissen Kreisen hat das Verkaufen keinen so guten Ruf und es sind ja auch nicht immer die Besten, die Schuhverkäufer werden. Und doch: Wer keine guten Verkäufer hat, die mit Begeisterung die Marke preisen, wird nie die Chance bekommen, die Nummer eins zu werden. Ich habe vor guten Verkäufern einen großen Respekt und unterhalte mich gern mit ihnen. Sie haben mir schon oft die besten Argumente für eine Marke geliefert, und dies ist nicht verwunderlich, denn schließlich sind sie oft die besten Marktkenner. Mein Eindruck ist, dass in manchen Unternehmen die Verkäufer nicht richtig eingeschätzt werden. Irgendwie wird der Verkäufer immer noch mit dem Jahrmarktschreier gleichgesetzt und schlechter als ihr Image ist höchstens das des Werbers.

Wer will schon mit so einer Bürde durchs Leben gehen, denn schließlich haben wir alle eine Schwiegermutter, der es zu imponieren gilt, und so melden sich nicht immer die Besten zum Verkaufen und manche Unternehmen, insbesondere im Handel, bezahlen ihre Verkäufer nicht einmal ordentlich, obwohl die das Geld hereinholen müssen.

Kein Wunder, dass man von der Dienstleistungswüste Deutschlands spricht. Verkäufer ist der meistunterschätzte Beruf in Deutschland. In den USA ist es ein hoch geschätzter. Ein guter Autoverkäufer braucht dort seinen Beruf nicht schamhaft vor der »Schwiegermutter« zu verschweigen. Ich freue mich über jeden Profi, den ich beim Verkaufen erlebe, selbst wenn er mir etwas verkauft, was ich eigentlich gar nicht habe kaufen wollen. Ihm ist es gelungen, was auch die Aufgabe von Marken ist, nämlich eine Sache begehrenswert zu machen.

Die beste Verkaufsstory schrieb Amerikas größter Schriftsteller

Sie werden gleich feststellen, dass Sie diese Verkaufsstory auch schon bewundert haben. Sie stammt von Mark Twain und das Buch heißt »Tom Sawyer«: Tante Polly hatte Tom Sawyer dazu verdonnert, den Gartenzaun zu streichen. Sie erinnern sich wieder, wie er sich schweren

Herzens an die mühevolle Arbeit machte, denn so etwas wie Spritzpistolen gab es damals noch nicht. Tom blieb also nichts anderes übrig, als seinen Grips anzustrengen und kreativ zu sein, und was dann folgte, ist ein hervorragendes Beispiel, wie man Motivationstechniken einsetzt.

Er tat gegenüber seinem Freund Ben Rogers und den anderen Burschen aus der Stadt so, als wäre diese Arbeit ein Vergnügen und überaus begehrenswert, als sei ein Zaun zu streichen der größte Spaß der Welt. Er brachte dies so überzeugend an die Jungs, dass auch denen das Streichen des Gartenzauns in einem geradezu verheißenden Licht erschien, und so gab man Tom bereitwillig einen angebissenen Apfel, eine Spielzeugkanone, einige Glasmurmeln und eine tote Ratte an einer Schnur, was für einen zwölfjährigen Jungen Werte sind, die einem Lottogewinn nicht nachstehen.

Unser Geschäft besteht daraus, eine Sache begehrenswert zu machen

Tom konnte eine Sache auf eine Art und Weise verkaufen, dass sie seinen Freunden begehrenswert erschien. Und genau dies ist die Aufgabe beim Verkaufen einer Marke. Der Verkäufer muss für die Marke Begehrlichkeiten wecken. Dafür braucht man die besten Leute des Landes. Ich bin sicher, dass wir bei der Umwandlung zur Dienstleistungsgesellschaft dazu kommen werden, Verkaufsarbeit einen höheren Stellenwert einzuräumen. Ein guter Verkäufer wird zum Star der Markendurchsetzung. Tom Sawyers dieser Welt, meldet euch! Der Verkäufer der Zukunft wird nicht nur Produkte, sondern die Markenidee verkaufen, was zukünftig erhebliche Serviceleistungen mit einschließt. »Vom Verkäufer zum Berater der Kunden« wird nicht nur als Wunschvorstellung in Firmenbroschüren stehen. Natürlich wird man für diese Arbeit anständig entlohnt werden müssen. Die schlechten Zeiten für Verkäufer gehen langsam zu Ende. Gute Nachrichten für Al Bundy!

Das Verkaufsgespräch der Marke passiert in Sekunden

Wenn die Marke im Verkaufsregal steht, fängt sie in dem Augenblick an zu erzählen, wenn der Blick des Kunden auf sie fällt. Das Markenzeichen und die Schlüsselsignale aktivieren Vorstellungen, Einstellungen, Werte und Bilder. Markenwerbung ist also nichts anderes als die Vorverlegung des Verkaufsgesprächs. Natürlich kann der gute Verkäufer den Entscheidungsprozess noch beschleunigen, indem er »benutze ich auch« hinzufügt, aber das Entscheidende ist außerhalb des Ladengeschäfts passiert. Die Markenbotschaft hat dem Kunden längst gesagt, warum er für die Marke sein Geld hergeben soll.

Deshalb ist es so wichtig, dass die Headline einer Anzeige oder die zentrale Aussage des Fernsehspots einen guten Grund liefert. Wenn sie das nicht tut, haben Sie eine Menge Geld verschenkt, und dies scheint heute, aus Gründen die ich schon genannt habe, langsam eine Leidenschaft zu werden. Versuchen Sie also ein starkes Motiv anzusprechen, vielleicht hilft bei der Erarbeitung die Maslow'sche Motivationspyramide, obwohl ich ehrlich gesagt, diese selten benutzt habe, da sich mir der Markenkern meistens aus dem Vergleich zwischen Identität, Konkurrenzaussagen und Verbraucherwünschen erschloss. Aber es gibt Kollegen, die schwören auf Maslow. Bei einer emotionalen Positionierung ist es ganz hilfreich, mit der Maslow'schen Bedürfnispyramide festzustellen, welches Motiv wohl die höchste Durchschlagskraft für die Marke hat, also von der Zielgruppe als wirkliche Hilfe angesehen wird. So kann man ein Positionierungsgegenmotiv wie »Anerkennung« gegen »Zugehörigkeit« oder »Geborgenheit« testen und findet systematisch den besten Weg nach »Rom«.

Sie kaufen kein Auto ohne Testfahrt, warum dann eine Markenstrategie?

Durch Marktforschung eine Markenstrategie abzusichern, sollte eigentlich eine Selbstverständlichkeit sein. Schließlich werden Sie einige Millionen Euro ausgeben, um die Marke in die Köpfe zu »schießen«; daher sollten Sie sich schon überzeugt haben, dass Sie es mit der richtigen Botschaft versuchen. Man kann nämlich bereits vorher herausbekommen, ob die Markenbotschaft mit den Bedürfnissen der Zielgruppen übereinstimmt und ob die Marke für sie begehrenswert ist und wie attraktiv der abgrenzende Markenkern gegenüber Konkurrenzbotschaften ist. Im mittelständischen Unternehmen ist man gern geneigt, sich das Geld für diese Untersuchung zu ersparen. Ich rate immer dazu, auch um den Wert meiner eigenen Arbeit darstellen zu können, die Ausgabe nicht zu scheuen. Ich weiß, dass es hierzu andere Meinungen gibt. Marktforschung schließt nicht aus, dass man nicht doch einen Flop produziert. Wer denkt da nicht an Ford und die Geschichte mit dem Edsel. Doch Markentechnik plus Marktforschung plus verantwortliche Markenführung können das Risiko doch ganz erheblich reduzieren.

Richtige Markenführung strebt nach Marktführerschaft

Schon Homer verlangte von seinen Helden, dass sie sich nicht mit dem zweiten Platz begnügen. Ich bin unter dem Stichwort »Führung« bereits darauf eingegangen. Wichtig ist an dieser Stelle, dass Sie die Zielsetzung, Erster werden zu wollen, in Motivation umsetzen und in Ihrer Mannschaft die Leidenschaft zum Siegen wecken. Nicht umsonst sagt man, dass der Glaube Berge versetzen kann. Wenn Sie dann Marktführer geworden sind, haben Sie es geschafft.

Sie befinden sich in einer komfortablen Situation, in der Sie nicht mehr so schnell angreifbar sind. Voraussetzung dafür ist, dass Sie nun nicht den Hunger verlieren oder vielleicht aus falscher Bescheidenheit damit aufhören, den Kunden immer wieder zu sagen, dass Sie die Nummer eins sind. Für die Kunden ist das Argument der Nummer eins der Beweis, dass Sie besser sind als die anderen Marken (sonst wären Sie schließlich nicht die Nummer eins geworden). Und wenn Sie keine Chance sehen, die Nummer eins, zum Beispiel im Fenstermarkt, zu werden, dann haben Sie immer noch die Möglichkeit, in einem kleineren Segment die Nummer eins für sich zu reklamieren. Sie sind zwar nicht Marktführer im Fenstermarkt, aber sehr wohl Marktführer beim Holz-Aluminium-Fenster und schon haben Sie den begehrtesten Kompetenzbeweis, den es gibt. Sie sind der Beste. Wenn Sie mehr über die Nummer-eins-Strategie erfahren wollen, lesen Sie »Positioning« von Al Ries und Jack Tront und Sie werden begreifen, dass wegen Ihrer Bescheidenheit niemand Geld herausrückt.

Das Beste oder gar nichts

Machen Sie sich den Leitspruch von Gottlieb Daimler zu Eigen, denn immerhin hat diese Einstellung Mercedes zu einer der begehrtesten Marken der Welt gemacht. Handeln Sie bei der Wahl Ihrer Mitarbeiter danach, bei Ihrer Produktentwicklung, bei Ihrem Service, bei Ihrer Kundenorientierung, bei der Markenpräsentation. Nicht nur vom Besten reden, sondern es auch sichtbar machen. Wenn Ihnen das gelingt, wird das eintreten, was die ganze Mühe rechtfertigt: Ihre Marke verkörpert eine begehrenswerte Idee.

31. Grundregel der Markentechnik:
Sichern Sie die Markeninvestition durch Marktforschung ab.

32. Grundregel der Markentechnik:
Setzen Sie, wenn möglich, die Nummer eins als Kaufgrund ein.

33. Grundregel der Markentechnik:
Handeln Sie stets nach dem Motto »Das Beste oder gar
nichts«.

N WIE NATURGESETZE

WIE SIE DEN GEIST DER MARKE ZUM LEBEN ERWECKEN

Eine Marke lebt erst dann, wenn sie das Verhalten der Menschen beeinflusst. Ich werde oft gefragt, welches nun die wichtigste Regel für den Markenerfolg ist. Wenn man mich dann anschaut, als wäre ich Professor Sauerbruch persönlich, bin ich natürlich versucht zu antworten. Wenn ich meine mir angeborene Bescheidenheit überwunden habe und diese wichtige Regel nenne, tritt jedes Mal Enttäuschung in die Gesichter. Die Wahrheit ist leider gar zu simpel: Man muss den Geist der Marke leben. Das hört sich sehr einfach an, aber diese Regel gilt nicht nur für den obersten Chef, sondern für das ganze Unternehmen. Und wenn man ein paar tausend Mitarbeiter hat, dann kann man schon mutlos werden. Zuallererst müssen natürlich die Naturgesetze der Marke begriffen werden, die, wie ich bereits ausgeführt habe, auf Kontinuität und Konsequenz hinauslaufen. Natürlich muss vorher der Markenkern bestimmt werden, aber ab dann beginnt die Überzeugungsarbeit, und von dem Zeitpunkt an darf nicht mehr »gewackelt« werden. Verlassen Sie sich bei der Propagierung der Markenidee nicht allzu sehr auf die Werbung. Wenn die Markenidee nicht zur Richtschnur jedes Mitarbeiters wird, dann nützt Ihnen der ganze Geldeinsatz herzlich wenig.

Was nützen Gesetze, wenn sie niemand kennt?

Ihre Mitarbeiter müssen also wissen, nach welchen Gesetzen die Marke geführt wird. Also stellen Sie ein Markenkredo auf, das die Anforderungen der Marke an jeden Mitarbeiter aufzeigt. Wenn es sich um einen Markenrelaunch handelt oder um ein Unternehmen, das den Weg zur Marke gehen möchte, habe ich jedes Mal vorgeschlagen, mit einem Event zu beginnen. Ich nenne dies immer »The Big Bang« und er soll Aufbruchstimmung erzeugen und die Bereitschaft, einen neuen Weg zu gehen, der von jedem Einzelnen mehr verlangen wird. Auf Großleinwand wird, manchmal länderübergreifend, die Idee der Marke und die Gesetze, nach denen das Markenwesen lebt, vorgestellt. Diese Gesetze werden dem Mitarbeiter auch ins Haus geschickt, natürlich nicht ohne ein Begleitschreiben und eine Nettigkeit wie ein paar Blumen oder einem wertvollen Kugelschreiber: »Mit Ihnen schreiben wir Markengeschichte.« Wenn den Mitarbeitern klar ist, was von ihnen zukünftig verlangt wird, sollen die Kunden erfahren, welche Idee hinter der Marke steht und was sie von ihr mit Fug und Recht verlangen können. Danach wird sich eine Menge ändern müssen. Am vordergründigsten einmal in der Kommunikation, aber auch in der Telefonzentrale, bei der Qualitätskontrolle bis hin zu den Fahrern in den Lastwagen.

Lösen Sie eine permanente Diskussion über die Marke aus

Wenn die Marke aus der Taufe gehoben ist, fängt die Arbeit erst richtig an. Denn der Mensch ist schwach, Papier geduldig und das Bild flüchtig. Wie man eine Idee lebendig hält, kann man bei Mao nachlesen, der die Forderung nach der »permanenten Revolution« bei Trotzki klaute, der wiederum bei der katholischen Kirche abgekupfert hat. Die modernen Weltverbesserer waren nur Diebe, die sich genau angesehen haben, wie die Kirche ihre Schäfchen auf der Weide hält. Nun, wenn man jahrtausendelang geübt hat, entwickelt sich darin eine unnachahmliche Meisterschaft. Nun brauchen Sie keine Angst zu haben, dass ich Ihnen hier irgendetwas vorschlage, was nicht auf dem Boden der freiheitlich-demokratischen Grundordnung steht. Ich möchte nur, dass Sie auf allen Ebenen des Unternehmens die Menschen über die Marke diskutieren lassen nach dem Motto: »Was verlangt das Markenwesen von uns?« Welche Konsequenzen hat dies für die Reklamationsabteilung? Verlangt es etwa, dass Reklamationen großzügiger gehandhabt werden? Was bedeuten die Markengesetze für den Einkauf? Muss man eventuell die Partner wechseln? Starten Sie um die Markengesetze eine richtige Kampagne. Stellen Sie jedes Vierteljahr unter ein Motto, zum Beispiel: »Die Konsequenz unserer Kundenorientierung«. Und jede Abteilung muss einen Beitrag dazu leisten, wie sie das Motto umzusetzen gedenkt.

130

Zeigen Sie den Menschen Herz und Seele der Marke

Öffnen Sie das Unternehmen für die Menschen in Ihrer Umgebung. Laden Sie die Bevölkerung im Umfeld zum »Tag der offenen Tür« ein. Vergessen Sie nicht, die Verbände, die Behörden und Banken und auf jeden Fall die Angehörigen Ihrer Mitarbeiter einzuladen. Tun Sie dieses Ereignis nicht nur durch Anzeigen kund, sondern durch Briefwurfsendungen und – wo immer es möglich ist – durch einen persönlichen Brief. Dies tun Sie bereits? Was Sie vielleicht bisher noch nicht getan haben, ist, die Markenidee und die Markengesetze vorzustellen. Wenn Sie mehrere Marken haben, stellen Sie die verschiedenen Markenwelten vor und erläutern Sie die Gemeinsamkeiten und Unterschiede. (Schauen Sie sich dazu einmal die Markenwelten von VW in Wolfsburg an.) Indem Ihre Mitarbeiter den Angehörigen und Bekannten die Markenidee erläutern, verinnerlichen sie die Regeln, nach denen die Marke geführt wird. Die stärkere Identifikation macht sie zu überzeugten Botschaftern der Markenidee. Wenn Sie dies alles sehr professionell tun, können Sie mit Tausenden von Besuchern rechnen, die alle zu Botschaftern Ihrer Marke werden.

131

Die häufigsten Sünder gegen die Markengesetze findet man unter Produktmanagern und Werbeleuten

Mit dieser Aussage habe ich natürlich nicht die Anzahl meiner Freunde vermehrt. Aber es ist nun einmal eine allseits bekannte Tatsache, dass Produktmanager und Werbeleute für die Vielzahl gemeuchelter oder kranker Marken verantwortlich sind. Die Produktmanager, die verbrannte Erde hinterlassen haben, sind Legion. Ihr Karriereziel fest im Blick, relaunchten sie kräftig die Marke, veränderten flugs den Markenauftritt, sorgten für ein neues Outfit, und die Markenbotschaft war auch peppiger geworden, wobei man obendrein die lästige Nabelschnur zum Markenkern gekappt hatte. Und siehe da, der Umsatz ging vielleicht sogar hoch und alle klatschten Beifall. Zwei Jahre später war der Produktmanager Marketingleiter und sündigte in einem anderen Unternehmen, und an der alten Wirkungsstätte versuchte ein neuer Produktmanager den Staub von der Marke zu pusten. Die Werbeagenturen sind auch nicht viel besser. Die Kreativen wollen natürlich zeigen, dass sie kreativer sind als die, die vor ihnen an der Marke herumgebastelt haben, und natürlich finden sie, was sie vorfanden, langweilig, spießig und muffig. Und so wird denn geändert; warum, weiß kein Mensch. Aber schließlich hat man Produktmanager und Kreative doch geholt, damit etwas Neues passiert. So kann man seine jeweilige Rolle gründlich missverstehen. Jetzt kennen Sie die größten Räuber. Doch leider ist es so einfach nun auch wieder nicht. Denn sowohl Produktmanager als auch Werbeleute sind gleichzeitig die, die am meisten für die Marke tun (können). Nämlich der verantwortungsvolle Produktmanager, der die Markenidee hegt und pflegt und sich an die Naturgesetze hält, insbesondere die Gesetze »Kontinuität und Konsequenz« beachtet und der sich auch nicht durch Preisaktionen verführen lässt und alle »rummeligen Aktivitäten« um die Marke hasst.

Also die verantwortungsvollen Werbeleute, die Markentechnik nicht für ein Kreativitätsverbot halten, sondern das mit dem Markenwesen und ihrer Verantwortung richtig verstanden haben. Zugegeben, diese beiden wunderbaren Freunde der Marke sind noch eine Minderheit. Aber es gibt sie und Sie müssen sich umschauen, ob Sie solche Menschen für Ihre Marke gewinnen können. Denn sie werden dafür sorgen, dass die Marke Herz und Seele bekommt, worunter ich Markenkern und Markenkonzeption verstehe.

Vielleicht sollten sich die Freunde der Markentechnik unter den Werbern mit einem Abzeichen zu den Grundregeln der Markenführung bekennen. Und jeder, der eine Respektlosigkeit gegen das Markenwesen erkennt, hat die Chance, uns zu degradieren und das Abzeichen vom Rock zu reißen. Ich kann mir vorstellen, dass so ein Abzeichen ganz schön zur Selbstdisziplin beitragen würde. Aber im Ernst: Natürlich ist die Versuchung für den Werber sehr groß, einen Neuanfang vorzuschlagen. Schließlich holt man uns, wenn der Kunde den alten Auftritt gründlich satt hat. Wenn man ihm dann sagt, dass er bei seinem bisherigen Konzept bleiben soll, ist das ungefähr so, als hätte man gegen die freie Marktwirtschaft gelästert. Wenn Sie der Ansicht sind, ich beschmutze hier das eigene Nest, so gebe ich Ihnen von Herzen Recht. Aber ich habe zu viele Zerstörungen von Markensubstanz erlebt, als dass ich gegenüber einer gewissen Spezies meiner Kollegen noch besonders nachsichtig sein kann. Also, schauen Sie uns auf die Finger und Ihrem Produktmanager auch. Wobei ich mich gern bei allen Produktmanagern und Werbeleuten entschuldige, die es aufrichtig mit dem Markenwesen meinen.

34. Grundregel der Markentechnik:
Stellen Sie Ihren Mitarbeitern die Markengesetze in einem Aufbruch-Event vor.

35. Grundregel der Markentechnik:
Lösen Sie eine permanente Diskussion über die Markengesetze aus.

36. Grundregel der Markentechnik:
Sorgen Sie dafür, dass Ihre Produktmanager in Werbeagenturen nach den Markengesetzen handeln.

O WIE ORGANISATION

MANCHE ORGANISATIONEN VERGIFTEN DIE MARKENIDEE

Warum die Dinosaurier von der Erde verschwanden, weiß man eigentlich nicht so genau. Die gängigste Theorie lautet, dass sie sich nicht besonders gut anpassen konnten. Jedenfalls zeigt es, dass Größe nicht unbedingt Stärke bedeuten muss. Dies wird auch allgemein akzeptiert, trotzdem erfasst die Unternehmen von Zeit zu Zeit eine seltsame Krankheit namens Gigantomanie. Das Fusionsfieber geht damit einher. Und so kommt es, dass aus Markengiganten wie Hoechst und Rhônepoulenc nun Aventis geworden ist, worunter sich niemand etwas vorstellen kann. Es wird viel Geld und Zeit kosten, diesen Namen mit der Kompetenz auszustatten, die Hoechst und Rhônepoulenc haben. Aber vielleicht ist das auch nicht beabsichtigt und Aventis wird nur als Absender geführt und Hoechst und Rhônepoulenc bleiben als Dachmarken erhalten? Jedenfalls hielt sich meine Trauer auch in Grenzen, als die geplante Fusion zwischen der Deutschen Bank und der Dresdner Bank platzte. Vielleicht wurde bei der Dresdner Bank deswegen sogar eine Flasche Sekt aufgemacht? Wenn das in die Tat umgesetzt worden wäre, was in den Zeitungen zu lesen war, lief es auf eine Vernichtung der Marke Dresdner Bank hinaus. Angeblich wollte man den Namen aufgeben und dafür die Marke Deutsche Bank statt in Blau in ein schönes Grün tauchen. Fusionen haben fast immer Sieger und Besiegte. Aber auch die Deutsche Bank kann froh sein, dass die Fusion scheiterte, denn die Verschmelzung unterschiedlicher Kulturen schwächt auch meist den Sieger. Bei Fusionen geht in der Regel eine Marke kaputt und das Profil der Siegermarke verschwimmt. Seien Sie also skeptisch, wenn Sie bei Fusionsvorhaben von Gleichberechtigung, Synergien, globaler Wettbewerbsfähigkeit und ähnlichen Worthülsen hören.

Wenn der Schuster nicht bei seinen Leisten bleibt

Konzentrieren Sie sich auf das, was Sie besonders gut können. Die Marke ist umso glaubwürdiger und durchschlagskräftiger, je enger die Kompetenz gefasst ist. Deswegen war es richtig, dass sich Daimler wieder aufs Auto konzentrierte, statt nun jede Beförderung auf der Erde, zu Wasser und in der Luft abdecken zu wollen. Wer sich in zu vielen Märkten tummelt, schwächt das Markenbild und die Glaubwürdigkeit der Kompetenz. So war es richtig, den Smart nicht unter dem Stern anzubieten, sondern für ihn eine eigene Marke und Organisation aufzubauen. Die Käufer des Smarts hätten sich bei Mercedes nie wohl gefühlt. Nun hat auch Jaguar seine Palette nach unten abgerundet und einen Wagen herausgebracht, der gegen den

3er-BMW antreten soll. Als ich darüber mit einem Jaguarhändler sprach, sorgte der sich mit Recht, ob dies nicht die
Ausstrahlung der Marke nach unten zieht. Recht hat er,
der Jaguarhändler, und sicher denkt man darüber auch in
England nach. Aber leider sind Unternehmens- und Mar-
kenziele nicht immer deckungsgleich.

Wir sind ein Team - oder etwa nicht?

Als ich Anfang der siebziger Jahre mit der Markenwerbung anfing, hatte ich es noch mit knorrigen Unternehmerpersönlichkeiten zu tun, die Wagemut und Gründer-
mentalität mitbrachten. Es waren im Umgang nicht immer einfache Menschen, aber sie wussten, was sie wollten,
und lebten die Markenidee vor. Ich kann mich auch an
keine endlosen, ängstlichen Diskussionen erinnern und
schon gar nicht daran, ob man nicht doch lieber ein anderes Konzept hätte wählen sollen oder ob ein anderes
Fotomodell nicht doch sympathischer wäre. Ob Dieter
Wolf von Wolf-Garten, Manfred Leitz von Leitz Organisationsregistraturen, Christof Stoll von Sedus oder
Dr. Brauner von Bosch Verpackungsmaschinen, ihnen
allen war eigen, dass sie nach kurzer Prüfung entschlossen
entschieden und bei dieser Entscheidung auch blieben –
und sie stellten sich in den Dienst der Marke und lebten
uns diese Idee vor. Nun, die Zeiten sind anders und die
Wirtschaft ist komplexer geworden. Heute habe ich nicht
immer das Glück, auf einen Manager zu treffen, der die
Bürde der Markenführung auf sich nimmt, sondern auf
Teams, und manchmal haben sie das mit dem Teamgedan-

ken gründlich missverstanden. Wenn ich eine Markenstrategie mit mehr als fünf Leuten diskutieren muss, weiß
ich, dass viel Überzeugungsarbeit vor mir liegt. Denn es
kann vorkommen, dass ich es nicht mit einem Team zu tun
habe, sondern mit mehr als fünf Einzelinteressen und,
wenn es schlimm kommt, mit fünf Eitelkeiten. Jeder der
Teilnehmer will nämlich beweisen, warum er bei dem
Meeting dabei ist. Je größer der Kreis ist, desto größer ist
die Gefahr, dass man sich auf den kleinsten gemeinsamen
Nenner einigt.

Wenn Sie als Manager die Markenführung nicht selbst
übernehmen wollen, müssen Sie sich also der Markenidee
unterordnen, auch wenn Sie nicht von Ihnen stammt.
Schaffen Sie dann in Ihrem Unternehmen eine Stelle, die
so viel Kompetenz mitbekommt, dass sie selbst über die
Markenführung entscheiden kann, ohne in die Abhängigkeit von vielen Einzelinteressen zu geraten.

Kein Söldner ist so glaubwürdig wie Sie

Public Relations gehören zu den wichtigsten Instrumenten, um Marken ins Bewusstsein der Öffentlichkeit zu
rücken. Was Zeitungen oder Zeitschriften über Sie schreiben, ist, bedingt durch deren Neutralität, glaubwürdiger
als Ihre teuer bezahlte Anzeige. Pflegen Sie also die Beziehungen zur Presse. Laden Sie diese nicht nur ein, wenn Sie
den Jahresbericht der Öffentlichkeit vorstellen müssen,
sondern informieren Sie regelmäßig über neue Produkte,
Veränderungen im Management und natürlich über alle
Maßnahmen zur Markendurchsetzung. Manchmal werde

138

ich gebeten, den Kontakt zur Presse zu übernehmen. Ich habe mich dieser Bitte aber bisher immer entzogen. Journalisten sind ein kritisches Völkchen mit einer ganz natürlichen Abneigung gegenüber Werbeagenturen. Journalisten wollen die Information pur und nicht durch einen Mittler gefiltert, der dafür auch noch bezahlt wird. Wenn Sie als Manager die Pressearbeit nicht selbst übernehmen können, schaffen Sie sich einen geschickten Pressechef an. Wie viel dies wert sein kann, wird am Beispiel Porsche deutlich. Vergleichen Sie einmal die heutige Berichterstattung über Porsche mit der vor zehn Jahren. Man merkt, dass die Öffentlichkeitsarbeit in professionelle Hände gelegt wurde.

Als zum Beispiel Manfred Berger noch Pressechef bei Zeiss war, hatte das Unternehmen stets hervorragende Pressekommentare, und das lag nicht nur daran, dass damals die Zeitläufe besser waren. Offenheit und Fairness werden durch die Presse immer belohnt. Sorgen Sie dafür, dass die Gesetze Ihrer Marke auch gegenüber den Journalisten sichtbar werden. Ihre Integrität sowie die Markenkultur und Markenphilosophie sind Werte, die für die Öffentlichkeit von Interesse sind. Die Verzahnung der Public Relations, ihre feste Einbindung in die Maßnahmen zur Markendurchsetzung gehören zu den Grundvoraussetzungen verantwortungsvoller Markenführung.

37. Grundregel der Markentechnik:
Wenn Sie nicht selbst die Markenführung übernehmen, schaffen Sie eine Organisation, die dafür genug Kompetenz besitzt.

38. Grundregel der Markentechnik:
Auch Public Relations, ihre Einbindung in die Markenstrategie, gehören zur verantwortungsvollen Markenführung.

P wie Philosophie

Wie aus ein paar Buchstaben ein Mythos wird

Wie bekommen Buchstaben, Sterne oder Farbkleckse diese geheimnisvolle Ausstrahlung, die sich werteerklärend auswirkt? Als einer meiner Mitarbeiter hörte, dass ich an einem neuen Buch über Markentechnik arbeite, äußerte er die Bedenken, dass ich hier Know-how preisgäbe. Ich beruhigte ihn damit, dass Markentechnik in den Händen von Karrieristen und Megomanen eine recht stumpfe Waffe ist. Und im Übrigen bin ich der Meinung, dass es gar nicht genug Freunde der Marke geben kann. Die Marke hat genug Feinde, also vermehren wir doch die Zahl der Freunde. Die erste Hürde, Markentechnik als Unternehmensinstrument zu begreifen, besteht darin, dass es eher eine Philosophie ist denn eine Wissenschaft. Gut, es gibt ein paar Grundregeln, aber wie $E = m \times c^2$ funktioniert, brauchen Sie deswegen nicht erklären zu können. Ein bisschen gesunder Menschenverstand reicht schon, um zu begreifen, warum Marken wie funktionieren. Eine Philosophie hat viel mit Charakter zu tun. Und wie wir schon gesehen haben, fordert das Markenwesen davon eine gehörige Portion ein. Außerdem sollte man eine Vision haben und sie auch durchsetzen wollen. Und dann wäre noch Charisma recht hilfreich, da man seine Mitarbeiter hinter die Fahne kriegen muss. Also, zum Markendurchsetzen gehört mehr als ein halbwegs vernünftiger IQ.

Frage dich, was du für die Marke tun kannst

Was Charisma bewirken kann, zeigt die Präsidentschaft des John F. Kennedy. Wenn man sich die Auswirkungen seiner Administration anschaut, war er im Vergleich zu George Bush senior eher ein mittelmäßiger Präsident. Trotzdem wird man nicht nur wegen des Attentats noch in vielen Jahren über die glorreichen Tage von Camelot reden, während die Bush-Administration bereits heute schon vergessen ist. Natürlich half es Kennedy, dass er reich war, gute Verbindungen hatte und außerdem gut aussah und auch seine Frau ihm darin nicht nachstand. Aber wesentlicher war, dass er mit seiner Vision von einem gerechten Amerika Aufbruchstimmung erzeugen konnte. »Frage nicht, was dein Land für dich tun kann, sondern was du für dein Land tun kannst.« Tausende von Jugendlichen meldeten sich daraufhin bei den Friedenskorps, die in den Ländern der Dritten Welt Entwicklungsdienste leisteten und damit für die Idee »Amerika« warben. Die Intellektuellen raunten von Camelot, jenem geheimnisvollen Schloss des König Artus, als Synonym für eine glänzende Präsidentschaft, die zu neuen Ufern führt. Kennedy stand für das bessere Amerika und eine strahlende Zukunft. Und etwas von seinem Charisma wird auch bei der Markenführung von Ihnen verlangt. Wenn es Ihnen gelingt, die Menschen in Ihrem Unternehmen von der Idee der Marke zu überzeugen, werden diese auch im Markt überzeugen. Wenn Sie Ihre Mitarbeiter dazu bringen können, dass sie sich fragen, was sie für die Marke tun können, ist der Siegeszug Ihrer Marke nicht aufzuhalten. Das ist bei der heutigen Generation unmöglich? Es ist heute nur schwieriger geworden. Aber fragen Sie doch einmal die Mitarbeiter von Mercedes, Bosch oder CREATON oder ...

Ganzheitlichkeit als Grundvoraussetzung für den Mythos

Ob ein Absender zur Marke wird, liegt allein im Ermessen der Führungspersönlichkeit auf der Unternehmensseite. Selbst der beste Markentechniker wird ohne dessen Unterstützung höchstens eine kurzfristige Werbekampagne auf die Beine stellen können. Aber es ist eine gegenseitige Abhängigkeit. Der Markenführer braucht einen Markentechniker, der seine Vision handwerklich umzusetzen versteht. Beide müssen sich über den Markenkern einig sein und es muss eine Übereinkunft darüber bestehen, diesen in einer Philosophie umzusetzen, die das Unternehmen ganzheitlich durchdringt. Der Erfolg meines Kunden CREATON, des größten Tondachziegelherstellers Europas, beruht vor allem auf der faszinierenden Dynamik und Kreativität des Vorstandsvorsitzenden Alfons Hörmann. Erst Anfang der neunziger Jahre wurden zwei regional operierende mittelständische Tondachziegelhersteller zur Marke CREATON fusioniert. Schon der Name suggeriert sehr glücklich den Markenkern und führte zu der Philosophie, »durch Kreativität und Farbe Europas Dachlandschaften zu verändern«. Diese Vision führte zu einem Tondachziegelprogramm, das in der Vielfalt und Schönheit unübertroffen ist. CREATON sicherte sich die Mitarbeit des bekannten Farbdesigners Friedrich Ernst von Garnier, den die Idee umtreibt, unsere Städte menschenwürdiger zu gestalten. Wie alle neuen Ideen stieß die CREATON-Initiative mit dem großen Farbprogramm erst einmal auf Verwunderung und Unverständnis. Heute ist CREATON der führende Tondachziegelhersteller Europas, der durch immer wieder neue Ideen den Markt prägt. Wenn es die Marke CREATON nicht gäbe, würde tatsächlich eine Lücke im Markt entstehen, die durch andere Marken nicht aufgefüllt werden kann.

Begonnen hat meine Zusammenarbeit mit Alfons Hörmann durch eine Wettbewerbspräsentation. Obwohl ich eigentlich der Meinung bin, dass man Marken nicht durch Wettbewerbspräsentationen Leben einhauchen kann, interessierte mich die zentrale Frage: »Kann man aus einem Tondachziegel ein Markenprodukt machen?« Ich sagte also zu, und dies war der Beginn einer wunderbaren Zusammenarbeit. CREATON besaß in der Tat alle Attribute einer echten Marke, also gleich bleibende Qualität, gleicher Preis, Überallerhältlichkeit, Branding und entsprechenden Service. Wir brauchten nur in allen Unternehmensinstrumenten »die Dachmarke der creativen Art«

144

lebendig werden zu lassen. Nicht nur die Produktentwicklung und die Werbung orientierten sich am Markenkern, auch der Außendienst wurde immer wieder auf die Philosophie der Marke eingeschworen. Ganzheitlichkeit und Begeisterungsfähigkeit sind die Voraussetzungen zur Markendurchsetzung. Eine Idee haben, den Markenkern sauber in allen Instrumenten umsetzen und Siegeszuversicht verbreiten und schon entsteht jene geheimnisvolle Aura des Vertrauens zur Marke. Hört sich einfach an. Ist es aber nicht, weil Egoismus, Dummheit, Eitelkeit, Faulheit und Unprofessionalität dies verhindern können.

In der Ruhe liegt die Kraft

Mit diesem Slogan gewann Mitterrand Anfang der achtziger Jahre die französischen Präsidentschaftswahlen. An diese selbstbewusste Aussage erinnerte ich mich, als mir Dr. Oliver Porsche von den Zielen seiner Marke Porsche Design erzählte. Einerseits sollte die Identifikation einer designorientierten Käuferschaft erhöht werden, andererseits wollte man alles vermeiden, was als Vorzeigeluxus missverstanden werden kann. Die Philosophie der Marke Porsche Design, die alles Affektierte und Aufgesetzte ablehnt und auch nicht als Statussymbol gesehen werden möchte, sondern als Beweis von Kennerschaft und Umsetzung der Aussage »Design follows function«, sollte unspektakulär und doch souverän inszeniert werden. Schließlich steht die Designschmiede Porsche Design für einige der gelungensten Entwürfe der Designgeschichte. Doch wie stellt man eine Philosophie dar? Wir entschieden uns für Anzeigen, die Besinnlichkeit und Ruhe ausstrahlen. Vor einem dunklen Hintergrund zeigten wir Menschen mit nachdenklicher, fast verträumter Miene. Mit einem Wort: Wir zeigten »Charakter«. Es wurde eine Konzeption, die sowohl für Uhren, Ledertaschen, Sonnenbrillen und Schreibutensilien glaubwürdig war, die durch ihre reduzierte Umsetzung und unaufdringliche Darstellung sowohl in Deutschland als auch in den USA und Saudi Arabien verstanden wurde. Wenn ich mir gute Markenwerbung ansehe, so stelle ich immer wieder fest, dass ihr alles Reklamehafte und Laute fehlt und sie ruhig und gelassen daherkommt. Halten Sie auch von Ihrer Marke alles Aufgeregte, Hysterische und Übertriebene fern. Eine Marke ist immer eine selbstbewusste Kraft, die alles Aufdringliche meidet. Hans Domizlaff ging sogar so weit, dass er am Anfang der Markenwerdung jede Reklame ablehnte. Auf die heutige Zeit übertragen heißt dies, in den Zielen und in der Umsetzung der Markenidee das Maß nicht zu verlieren. Eine Marke biedert sich nicht an.

Wann sind denn Zeichen eine Marke?

Sie haben es mittlerweile mehrmals gelesen. Wenn Zeichen neben Einstellung und Erfahrungen auch Bilder in den Köpfen der Zielgruppen freisetzen. Diese Bilder können über Jahre in den Köpfen geparkt sein, ohne dass einem dies bewusst wird, und können doch jederzeit abgerufen werden. Wenn Sie den Markennamen Tchibo hören, woran erinnern Sie sich dann? Richtig, wenn Sie über vierzig sind, werden Sie noch den kleinen Dicken in

146

seinem schwarzen Anzug kennen, der sich bei den Massai herumtrieb und auch sonst wo ständig unterwegs war, um sich die besten Kaffeebohnen für Tchibo zu sichern. Die Kampagne wird schon seit Jahrzehnten nicht mehr geschaltet und dennoch ist die Erinnerungswirkung dieses Markenbildes ungebrochen. Es ist schade, dass Tchibo ein solches Kapital nicht nutzt. Es ist ein enormer Vorteil, wenn man die Idee einer Marke – und denken Sie daran, dass ich stets von einem Markenwesen spreche – in einer Person symbolisieren und konzentrieren kann. Ogilvy, der große amerikanische Werbemann, schuf mehrere solcher Figuren, die in die Werbegeschichte eingingen. Sowohl der Commander Whitehead für Schweppes als auch der Mann mit der Augenklappe für Hathaway-Hemden standen glaubwürdig für eine Idee. Genauer gesagt: Sie wurden mit der Zeit zu Repräsentanten einer Idee.

Können Prominente eine Markenidee symbolisieren?

Natürlich muss man, wenn man einen Menschen wie Clementine oder eine Kunstfigur wie Meister Propper zum Symbol der Markenidee aufbauen will, viel Geld und Zeit investieren. Wesentlich schneller geht es natürlich, wenn man eine Persönlichkeit nimmt, die bereits bekannt ist. Meine Einstellung dazu ist ziemlich ambivalent. Natürlich ist der Verbraucher nicht dumm und weiß, dass da viel Geld geflossen ist. Er wird die Persönlichkeit nur annehmen, wenn sie ihm glaubwürdig erscheint. Meistens bringt so eine Persönlichkeit nur Aufmerksamkeit, aber das kann in manchen Fällen ja ausreichen. Aber eine Markenkampagne ist es deshalb noch nicht. Der Persönlichkeit muss man die Markenidee abnehmen. Manfred Krug für einen Elektrobohrer einzusetzen ist sehr glaubwürdig, dagegen wäre er für ein französisches Duftwasser nicht sehr überzeugend. Franz Beckenbauer für Mercedes sprechen zu lassen ist geradezu optimal. Für Mitsubishi sorgte er zwar für Bekanntheitsgrad, warf aber auch Fragen auf.

Wenn der Prominente für etwas anderes prominent wird

Einige Prominente halten ihr Gesicht für ganz unterschiedliche Marken hin. Dies erhöht zwar ihren Bekanntheitsgrad, aber nicht gerade ihre Glaubwürdigkeit. Zur Verkörperung einer Markenidee eignen sie sich dann eher nicht. Aber wirklich schlimm wird es, wenn der Star in etwas verwickelt wird, was seinen Stern verdunkelt. Denken Sie nur an den beliebten Volksschauspieler Walter Sedlmayer. Eine absolut glaubwürdige Verkörperung bayrischer Bierkompetenz. Als nach seiner Ermordung seine privaten Vorlieben bekannt wurden, hatte die Brauerei natürlich ein Problem und sie musste ihre hervorragende Kampagne abbrechen.

So geschah es auch bei RWE. Als die Haaranalyse des designierten Fußball-Nationaltrainers Christoph Daum positiv ausfiel, war die Kampagne tot. Die Markenidee in einer prominenten Persönlichkeit sichtbar zu machen ist also nicht ohne Risiko. Künstliche Figuren, wie der Mann

148

mit der Augenklappe, der Tchibo-Mann oder Meister Propper, verlangen zwar eine erhebliche Investition in der Aufbauphase, aber dafür können sie sich auch nicht verselbstständigen.

39. Grundregel der Markentechnik:
Ganzheitlichkeit und Begeisterungsfähigkeit sind die Voraussetzungen zur Markendurchsetzung.

40. Grundregel der Markentechnik:
Beim Einsatz von Prominenten ist auf Glaubwürdigkeit zu achten.

Q WIE QUALITÄT

WARUM SICH EINE ERFOLGS-VORAUSSETZUNG IN LUFT AUFLÖSTE

Vor wenigen Jahren war die Welt noch in Ordnung. Man brauchte nur ein Produkt oder eine Dienstleistung möglichst gut zu machen und dies laut genug in die Welt hinauszuposaunen und schon konnte man mit der Qualitätspositionierung als Premiumprodukt gute Geschäfte machen. Natürlich beinhaltete dies das Recht, einen entsprechenden Preis dafür zu verlangen. Nur sprach es sich herum, dass niemand mindere Qualität will, und so kam es dann, dass jeder von Qualität redete, ganz gleich, wie groß nun die Qualität ist. Egal, was man an die Frau oder den Mann bringen will, in jedem Fall ist es Qualität. In dreißig Jahren habe ich noch nie erlebt, dass irgendein Hersteller nicht davon überzeugt ist, Qualität vom Feinsten zu liefern, selbst wenn die Reklamationsquote etwas anderes sagt. Doch damit ich richtig verstanden werde: In der Regel ist es schon so, dass Qualität geliefert wird. Es ist die Eintrittskarte, um bei dem großen Spiel um den Markt überhaupt dabei sein zu können. Das Problem liegt darin, dass eine Inflation des Begriffs eingetreten ist. Mercedes spricht von Qualität. Toyota spricht von Qualität.

Beide haben Recht. Und doch besteht ein Unterschied. Diesen Unterschied macht die Marke deutlich.

Wann die Samurai die Festung Europa stürmen könnten

Ich bin schon an anderer Stelle darauf eingegangen, dass ich das markentechnische Verständnis der Japaner für ausbaufähig halte. Die Qualität der japanischen Automobile ist unbestritten. Die Pannenstatistiken zeigen, dass sie den wenigsten Ärger bereiten. Was den Japanern jedoch neben der Qualität noch fehlt, ist Magie. Da der Markenkern nicht definiert wurde, fehlen Auftrag, Botschaft und Philosophie. Aber vielleicht ist ja der Markenkern definiert worden und man hat nur nicht die Agentur gefunden, die ihn umsetzen kann. Aber das ist eher unwahrscheinlich, denn sonst wären die Autosilhouetten nicht schon eine Mischung aus mehreren europäischen Automarken. Haben Sie die Form einer japanischen Automarke im Kopf? Wohl die wenigsten von uns. Ich habe mehrmals versucht, mit den Japanern Kontakt aufzunehmen. Vergeblich. Ich stelle es mir so vor, dass sie meinen Brief und meine Unterlagen kopfschüttelnd angesehen haben, weil sie keinen Unterschied entdecken konnten. Was ich Ihnen anbot, war in ihren Augen wohl auch nur Werbung und vielleicht nicht einmal so witzig wie die mit den Affen. Die europäische und typisch deutsche Philosophie der Markentechnik liegt außerhalb ihres Erfahrungshorizonts. Eigentlich schade. Denn die Autos, siehe Pannenstatistik, sind ein gutes Angebot. Aber sie sind auch der Beweis, dass die

Qualität allein nicht ausreicht. In dem Augenblick, in dem sie entdecken, was ihnen fehlt, könnten sie den europäischen Markt ganz schön durcheinander wirbeln. Aber dazu wäre eine Managergeneration notwendig, die sich an der Markentechnik orientiert.

Es geht immer um Abgrenzung durch Kompetenz

Qualität ist als Abgrenzung, wie wir gesehen haben, nicht geeignet. Doch es gibt folgenden Ausweg: Geben Sie sich als Spezialist für eine bestimmte Qualität zu erkennen. Es ist einleuchtend, dass ein Spezialist auf seinem verkleinerten Kompetenzfeld immer mehr kann als ein Generalist. Das bedeutet natürlich eine Selbstbeschränkung. Aber auch auf einem Spezialgebiet kann man ganz schön wachsen, wie man mit Coca-Cola beweisen kann, oder glauben Sie, dass man in Atlanta noch erfolgreicher gewesen wäre, wenn man auch Cola mit Limonengeschmack angeboten hätte? Wer ein Hersteller von Landmaschinen ist, sollte seine Kompetenz nicht dadurch verwässern, dass er auch Motorroller verkauft. Wer wie Stihl eine Weltmarke für Motorsägen geworden ist, sollte seine Identität nicht dadurch schwächen, indem er auch Stihl-Rasenmäher anbietet. (Richtigerweise hat man dies mit einer Zweitmarke gelöst.) Sehen Sie sich die Erfolgsstory von Junghans an (auf die mich als typisches Beispiel Michael Brandtner hinwies). Als deutscher Hersteller mit Uhren bestehen zu wollen, die alles oder nichts können, war nach der Revolution durch Swatch unmöglich geworden. Ob durch Zufall oder geplant, man fand ein scheinbar verkleinertes Marktfeld, das eine besondere Kompetenz suggeriert. Junghans wurde zur Marke für Funkuhren und der Erfolg kehrte zum Unternehmen zurück.

Die Qualität des Denkens wird immer gefordert

Um diesem Kapitel einen versöhnlichen Abschluss zu geben, möchte ich darauf hinweisen, dass eine Eintrittskarte dennoch immer gelöst werden muss. Die Erarbeitung des Markenkerns, die Durchsetzung der Markenphilosophie verlangen eine besondere Qualität des Denkens. Markenqualität entsteht nur, wenn das Management und alle Mitarbeiter ein geistiges Band eint, das in den oberen Etagen zum Beispiel vor Entscheidungen für Billiglieferanten schützt, aber auch den Mann oder die Frau an der Endkontrolle bei der Genauigkeit der Prüfung beeinflusst. Domizlaff sagt, dass es letztendlich um Vertrauen geht. Mangelnde Qualität enttäuscht den Käufer. Gerade bei einem Markenprodukt. Erwarten Sie nicht auch, dass ein Mercedes niemals ein Qualitätsproblem hat? Enttäuschte Liebe ist schwer zu reparieren. Lassen Sie es gar nicht darauf ankommen. Womit wir bei den Leuten sind, die vernünftig denken können.

41. Grundregel der Markentechnik:
Die Kompetenzbestimmung kann auch über die Einengung des Kompetenzfeldes geschehen, indem man sich als Spezialist positioniert.

R WIE RISIKOFAKTOREN

DIE MARKE ALS SIEGESZEICHEN DES UNTERNEHMERTUMS

Wie groß ist das Risiko, dass eine Markenstrategie nicht zum Erfolg führt? Die Frage wird mir oft gestellt und ich finde es recht und billig, dass sie mir gestellt wird. Der Fragesteller kann von mir erwarten, dass ich sie nach bestem Wissen und Gewissen beantworte. Manchmal zeigt die Fragestellung schon, dass das Risiko zu groß ist. Denn man muss an sich glauben und Mut und Durchhaltevermögen besitzen, wenn man den manchmal steinigen Weg zum Markenerfolg gehen will. Doch wenn ich das Feuer in den Augen sehe, wenn das Angebot stimmt, wenn man bereit ist, in die Idee zu investieren, dann hat es jedes Mal geklappt. Also sage ich ganz offen, was der Weg der Marke von den Führungspersönlichkeiten verlangt, und dann kann es natürlich passieren, dass einer »kalte Füße« bekommt und lieber zu einer Werbeagentur geht, die vielleicht einen nicht so steinigen Weg geschildert hat, und das ist dann für mich auch in Ordnung. Natürlich wird es in diesem Fall nichts mit der Marke, denn was sie vor allem braucht, ist Unternehmertum. Wo die freie Welt heute steht, das ist die Leistung eines verantwortungsvollen Unternehmertums. Ich habe großen Respekt vor dem Mut und dem Pioniergeist der Menschen, die eine Unternehmung wagen. Egal, ob man nun nach der Wende einen Bratwurststand eröffnete oder sich heute im E-Commerce versucht. In all diesen Fällen ist Charakterfestigkeit und Entscheidungsfreudigkeit notwendig und die Vorstellung und der Optimismus, dass man mit der Unternehmung etwas erreichen kann. Dabei scheitern natürlich viele, weil sie zwar den Wunsch, aber nicht das Rüstzeug zum Unternehmer mitbringen.

Es bleiben die übrig, die eine Vision haben und diese flexibel, klug und unermüdlich mit Leidenschaft verfolgen. Diese Unternehmen haben heute die Chance, von Anfang an ihr Unternehmen als Marke aufzubauen. Natürlich fehlt in dieser Phase das Geld für Markenwerbung und Markenberater, aber der Manager oder Unternehmensinhaber kann versuchen, sich die W-Fragen selbst zu beantworten und seine Kompetenz zu definieren und sie als Philosophie vorzuleben, erst einmal den Mitarbeitern und dann den Kunden. Wer sich halbwegs an die Grundregeln dieses Buchs hält, dürfte dabei nicht erfolglos bleiben.

Die meisten großen Marken sind älter als ein Vierteljahrhundert

Ob Sie nun Marken wie McDonald's nehmen oder Coca-Cola, Bosch, Mercedes, Porsche, Siemens, Zeiss usw. – alle diese Marken brauchten Zeit, um zu einem Begriff in den Köpfen der Verbraucher zu werden, um Einstellungen, Vorstellungen und Emotionen freisetzen zu können. Wenn etwas Zeit braucht, um zu wachsen, dann sollte man diesen Wachstumsprozess nicht stören. So viel noch einmal zur Kontinuität. Aber nicht nur, dass Marken Zeit verlangen, auch der Zeitgeist hat dazu beigetragen, dass sich in den letzten drei Jahrzehnten nur verhältnismäßig wenige Marken durchsetzen und halten konnten. In den fünfziger Jahren übernahmen Männer das Ruder, die Schlimmes erlebt hatten und die etwas verändern wollten und mussten. In den sechziger Jahren fand die Jugendrevolution statt, deren Auswirkungen wir heute noch spüren. Mittlerweile sind die 68er längst in die Schaltzentralen eingerückt. Aus den so genannten Revolutionären sind saturierte Bürger geworden.

Spätestens ab Ende der siebziger Jahre lösten die Technokraten die Macher ab und die neue Managergeneration hatte eine ganz andere Jugend mit ganz anderen Erfahrungen hinter sich und ihre Ziele und Mentalitäten unterschieden sich von denen der Vorgänger. Aber es ging weiter aufwärts. Die Unternehmen wuchsen mit den Märkten. Schließlich machte sich eine Verwaltungsmentalität breit, Wagemut wurde durch vorsichtiges Taktieren ersetzt und manchen Firmen ist es sogar bekommen. Aber dies ist für den Aufbau einer Marke kein günstiges Klima. Natürlich dürfen Sie mir in diesem Kapitel vorwerfen, ganz gehörig zu simplifizieren, aber dass ich in der Tendenz Recht habe, werden Sie mir nicht absprechen können. Als sich Ende der achtziger Jahre der Wettbewerb verhärtete und nicht mehr friedliche Koexistenz, sondern Krieg angesagt war, waren die Verwalter dem Druck bereits nicht mehr gewachsen. Die Vereinigung brachte dann noch einmal Luft, aber Mitte der neunziger Jahre ließ sich die fehlende »Fitness« im Wettbewerb nicht mehr verschleiern. Nicht nur unsere Fußballer wurden als »Rumpelfüßler« demaskiert, sondern auch die deutschen Unternehmen, von Ausnahmen, wie zum Beispiel Mercedes-Benz, Deutsche Bank, Trumpf Maschinenbau, CREATON und anderen, einmal abgesehen. Jeder Politiker sprach nun von geistig-moralischer Wende und Ärmelhochkrempeln und es passierte nichts. Es dauert eben, ehe wir Deutschen uns auf den Weg machen, aber wenn wir es dann tun, dann tun wir es gründlich. Heute, kurz nach dem Millennium, spricht vieles dafür, dass wir endlich begriffen haben. Während ich diese Zeilen schreibe, ist an den Firmengründungen abzulesen, dass eine Wende stattgefunden hat und ein neues Denken Deutschland erfasst: »Mache dich selbstständig und realisiere deine Träume.« Natürlich ist ein Risiko dabei, aber ist es nicht schlimmer, wenn man sich sein ganzes Leben lang vorwerfen muss, keinen Mut gehabt zu haben?

Das Risiko aus der Sicht des Markenwesens

Das größte Risiko für die Marke besteht am Anfang der Markenwerdung darin, dass der Markenführer nicht genügend Geduld hat oder die Marke einer Agentur in die Hände gefallen ist, die Markenwert mit Bekanntheitsgrad verwechselt. Nach meiner Erfahrung tritt die Gefahr der Ungeduld zum ersten Mal nach drei Jahren auf. Im ersten Jahr ist die Begeisterung groß, im zweiten treten erste leichte Zweifel auf und im dritten wird ernsthaft zum Gespräch gebeten. Wenn man kraft Persönlichkeit oder durch Hinweis auf die Umsatzentwicklung die Klippe umschifft hat, kommt im fünften Jahr erneut das Problem auf einen zu und führt dann zur Wettbewerbspräsentation. Sollte man das Glück haben, dass diese zu entsprechenden Tests führt, ist die Marke eventuell der Vernichtung entkommen. Das verflixte siebte Jahr bringt eine weitere Bewährungsprobe für Markenführer und Markentechniker. Wenn beide charaktervolle Menschen sind und sich durch die langen Jahre schätzen gelernt haben und wenn obendrein der Umsatz stimmt, siegt noch einmal der Verstand über die Chromosomen und die Marke hat Zeit, um flügge zu werden. Da ich einige Marken zwanzig Jahre und länger betreut habe, konnte ich auch eine andere Gefahr gründlich kennen lernen, nämlich den Managerwechsel. Wenn der Nachfolger aus dem Unternehmen kommt, hat man gute Chancen, den Mann auf Kurs zu halten und einzuschwören. Schließlich hat er die »Geburt« der Marke miterleben können und ist dadurch irgendwie auch Mitschöpfer oder Zeuge, und dies hemmt den Killerinstinkt. Doch der Nachfolger vom Nachfolger ist meist nicht mehr zu stoppen. Häufig kommt er aus einem anderen Unternehmen, hat keine Beziehung zur Geburt der Marke, entstammt auch oft einer anderen Generation, und mit dem »frischen Wind« meint er, dass die Marke einen neuen Kurs braucht.

Der größte Risikofaktor sind Sie selbst

Ich bin versucht zu sagen, dass es bei einer konsequenten Markenstrategie überhaupt kein Risiko gibt. Obwohl dies wahr ist, hänge ich es nicht an die große Glocke, denn es klingt so, als hätte ich das Geheimnis des ewigen Erfolgs entschlüsselt. Ein guter Bekannter sagte mir einmal: »Eigentlich müssten Brandmeyer, Deischel, Sie und ich die reichsten Burschen Deutschlands sein, denn wer bei der Markenführung unsere Regeln beachtet, dem ist der Erfolg sicher.« Nun, ich weiß zumindest, dass ich nicht zu den reichsten Burschen Deutschlands zähle. Dies liegt sicher einmal daran, dass meine Honorare viel zu niedrig sind, aber der Hauptgrund ist der, dass konsequente Markenführung den Menschen zu viel Mühe abverlangt und dazu eben viele nicht bereit sind. Wenn ich also behaupte, dass Ihnen eigentlich nicht viel passieren kann, wenn Sie sich an die Grundregeln der Markentechnik halten, so ist dies als Understatement zu verstehen. Selbst wenn Sie eine Kampagne haben, die weder besonders aufregend noch besonders schön oder gar kreativ ist, werden Sie Erfolg haben – wenn der Markenkern stimmt. Auch wenn Sie sich ein paar menschliche Schwächen leisten und es mit der ganzheitlichen Durchsetzung nicht so genau nehmen, wird sich die Marke erfolgreich entwickeln. Es dauert in solchen Fällen etwas länger, ehe die Marke die Früchte zeigt, die Sie erwarten können. Wenn Ihre Marke nicht den Erfolg bringt, schauen Sie in den Spiegel und wiederholen Sie die apollinischen Worte: »Erkenne dich selbst!« Sie haben es in der Hand: Es muss nicht bei der Erfolglosigkeit Ihrer Marke bleiben.

42. Grundregel der Markentechnik:
Reduzieren Sie das Markenrisiko, indem Sie Ihre Geduld vergrößern.

43. Grundregel der Markentechnik:
Man ändert keine Markenphilosophie und kein Markengesicht, nur weil sich das Management ändert.

44. Grundregel der Markentechnik:
Der Charakter des Markenführers kann zur Markenstärke beitragen.

S WIE SCHLÜSSELSIGNALE

ENTDECKEN SIE IN MARKEN INSIGNIEN DER MACHT

Wenn Sie einen Eindruck bekommen wollen, welche Wirkung Zeichen haben, dann schauen Sie sich die Königsrune Ramses II. an. Obwohl Sie, wenn Sie nicht gerade Ägyptologe sind, die Zeichen nicht lesen können, erkennen Sie sofort, dass es hier um Macht oder zumindest um etwas Ehrfurcht Gebietendes geht. Die ausgebreiteten Schwingen des königlichen Geiers erzählen noch viertausend Jahre später, was für ein Machtmensch Ramses war. Nun, die heutigen Schlüsselsignale sind etwas diffiziler. Die heutigen Schlüsselsignale erzählen auch nicht mehr von der Macht, wenn wir von Insignien der Staaten einmal absehen, sondern sind Zeichen, die Macht haben und Gefühle und Meinungen in ihrem Kopf auslösen. Wie Sie bereits wissen, begann es einmal damit, dass man seine Arbeit oder Produkte von denen der Konkurrenten abgrenzen wollte; also kennzeichnete man sie. So kam es zu Bild- und Wortlogos, zu Hausfarben und so weiter.

Die Informationsüberlastung führte zum New Branding

Für jede Marke muss eine eigene Sprache entwickelt werden. Ob Sie diese nun Tonality oder Markenklang nennen, es sind Zeichen, Worte und Bilder, die dem Markenkern Gestalt geben, also der so genannte Überbau. Er macht Marken merkfähig, schneller und durchschlagskräftiger. Es gibt eine Vielzahl von Markensignalen, die zum »genetischen Code« der Marke werden können. Bei Dongowski & Simon haben wir uns im Laufe der Jahre ein Zeichenrepertoire erarbeitet, das wir zum Markenerfolg gezielt einsetzen. Die möglichen Markencodes können an dieser Stelle jedoch nur andeutungsweise vorgestellt werden.

Die vier Säulen des Markencodes:

1. Visuelle Signale:
Dies können einfache Signale wie Farbe, Schrift und Raumaufteilung sein. Sie können aber auch als neuartig erlebte Ästhetik auftreten, durch die besondere Art der Fotografie, der Illustration oder Montagetechnik. Sehr beliebt ist die Technik, alle Fotos einem bestimmen Farbklang zu unterwerfen, der dann schneller decodiert werden kann.

2. Keyvisual:
Die Markenidee wird in einem Zeichen symbolisiert. Hier zeigt sich die hohe Kunst des New Branding. Zum Beispiel im szenischen Aufbau der Bilder oder in einer künst-

lichen Figur wie unser Pegasus für Oppacher Mineralbrunnen. Sowohl Pegasus als auch Meister Propper stehen für die Identität der Marke. Bei emotionaler Positionierung ist ein Keyvisual besonders nützlich. Voller Begeisterung habe ich deswegen daran mitgearbeitet, die wundersame Wirkung des Underberg als Geschenk der Underberg-Fee an die Menschen sichtbar zu machen. Mit großer Sorgfalt ließ Emil Underberg jede einzelne Szene des Fernsehspots, jede Bewegung, fast wie bei der Produktion eines Comics, in unserer Agentur vorzeichnen. Diese Arbeit führte durch die intensive Auseinandersetzung mit dem Charakter dieser Figur dazu, dass die Fee Wirklichkeit wurde und das Märchenhafte hinter sich ließ. Mit dem Keyvisual geht ein Strom von Informationen und Emotionen auf den Betrachter über. Entweder werden durch die Zeichenkonfigurationen Informationen im Gedächtnis aufgebaut oder sie werden durch diese abgerufen, da sie bereits in den Köpfen der Zielgruppen gespeichert sind.

3. Keywords:
Eine verhältnismäßig selten eingesetzte Technik, die im Zeitalter der Bildkommunikation keine Daseinsberechtigung mehr zu haben schien. Doch sind Keywords die Ergänzung zum Keyvisual, die genauso konsequent und kontinuierlich einzusetzen sind. Denn lernen kann man Botschaften nicht, wenn man ständig etwas Neues lernen muss. Deswegen mein Rat: Legen Sie die Keywords für Ihre Marke fest. Sagen Sie, mit welchen Worten die Botschaft überall eingesetzt wird. Haben Sie keine Angst, künstliche Worte zu erfinden, wenn Sie einen Sinn sug-

gerieren. Verzichten Sie nicht auf einen Slogan, der den Markenkern definiert. Die Definitionen von Benefit und The Reason why sind eine Selbstverständlichkeit, aber definieren Sie auch die drei wichtigsten Argumente für Ihre Marke. Sorgen Sie dafür, dass jede kommunikative Äußerung die Markenterminologie strikt einhält. Dafür kann man durch ein Pflichtenheft im Markenhandbuch sorgen oder, noch besser, durch ein Corporate-Design-Manual, das in der ganzen Welt Auftritt und Argumentation regelt.

4. Akustische Signale:
Dies können einfache Signale wie ein Klopfzeichen sein oder Takte aus Beethovens Eroica. Das Öffnen einer Flasche, das Aufheulen eines Motors oder der Klang einer Stimme können Teil des Markencodes werden. Und wenn Sie zum Beispiel an Erdinger Weißbier denken, sogar der Tonfall eines Dialekts. (Nicht alle Dialekte eignen sich dafür. Es ist darauf zu achten, dass kein provinzieller Mief vermittelt wird.) Musikalische Signale sind übrigens die schnellsten und manchmal auch einprägsamsten Zeichen. Mit ein paar Takten können sowohl Markennamen, gespeichertes Wissen, Bilder und gute Gefühle abgerufen werden. Für unseren Kunden Stuttgarter Hofbräu haben wir eine Hymne entwickelt, die jeden Radiospot einleitet, aber auch beim Stuttgarter-Hofbräu-Sechstagerennen oder im Festzelt auf dem Cannstatter Wasen durch die ständige Wiederholung die Markenpräsenz verstärkt.

All diesen Signalen ist es eigen, dass sie gelernt werden müssen und erst mit der Zeit ihre nicht hoch genug einzuschätzende Wirkung erzielen. Marken brauchen Vertrautheit, also ist eine ständige, sich gleich gebende Wiederholung unabdingbar. Natürlich ist dies eine Form von Konditionierung, aber denken Sie daran, dass wir uns ohne Konditionierung in der Welt nicht zurechtfinden würden. Es sind sichtbare Zeichen der Markenidee, die die Wiedererkennbarkeit erhöhen und beschleunigen und mit der Zeit mit Informationen und Gefühlen verbunden werden.

45. Grundregel der Markentechnik:
Legen Sie für Ihre Marke sowohl visuelle als auch verbale und, wenn sinnvoll, auch akustische Schlüsselsignale fest.

46. Grundregel der Markentechnik:
Regeln Sie den Einsatz des Markencodes in einem Pflichtenheft im Markenhandbuch.

St wie Strategie

Nur wer das Ziel kennt, kann den Weg finden

Seit Clausewitz müsste der Unterschied zwischen Strategie und Taktik eigentlich bekannt sein und die Regel, dass die Strategie die Taktik bestimmt und niemals umgekehrt. Aber wenn ich die vielen Gespräche über die Markenbotschaft einmal vor Augen Revue passieren lasse, so wurde sehr oft über Taktik geredet. Stundenlang wurde das Wahnsinnsthema »Ist das nun kreativ oder nicht?« durchgehechelt, verfolgt von den bangen Blicken des Creative Directors, der in der Angst lebt, dass seine Chance, sich im Art-Directors-Club Ruhm und Ehre einzuhandeln, zerredet wird. Man palavert also über den Weg, ohne das Ziel genau zu kennen, und dies geschieht mit einer Leidenschaft, die für jeden Glaubenskrieg reichen würde. Die gleiche Intensität wäre bei der Diskussion über die Strategie der Marke nicht vergeudet gewesen. Denn diese bestimmt das Profil und was der Markenkern ist, also wo man ankommen will, was wiederum den richtigen Weg impliziert. Die Strategie beantwortet, welchen Nutzen die Marke den Käufern bietet, welche Kaufmotive sie anspricht, welchen Erlebniswert sie mitbringt, und wie das erreicht wird, regelt dann die Taktik.

Der Unterschied zwischen Corporate Identity und Markentechnik

Auf einmal war das Wort auf dem Markt und jeder Werbemann buchstabierte es mit andächtiger Miene. Als ich dahinterkam, was diese neue Kunst bedeutet, konnte ich nur feststellen, dass sie schon seit Jahren zum gewöhnlichen Kunsthandwerk des Markentechnikers gehört. Allerdings klingt Markenkern nicht so aufregend wie Corporate Identity und Corporate Design klingt im Mund einer edel gestylten Designerin auch ambitionierter als Markengesicht. Allerdings verwechselt ein Markentechniker niemals Markenkern mit Markengesicht. Die meisten Corporate-Identity-Strategien sind nichts anderes als des Kaisers neue Kleider und verdienen ihren Namen nicht. Es sind schlichtweg Corporate-Design-Kampagnen und sie suggerieren zwar einen neuen Aufbruch, aber bewegen die Menschen nicht zum Aufbruch. In dem besten Buch, das je über Corporate Identity geschrieben wurde, kommt das Wort nicht ein einziges Mal vor. In Domizlaffs Buch »Die Gewinnung des öffentlichen Vertrauens« finden Sie alles, was moderne Corporate-Identity-Arbeit auszeichnet, und mehr noch, eine Führungsanleitung und Philosophie für Dach-, Produkt-, Dienstleistungs- und Handelsmarken. Corporate Identity ist ein legitimes Kind der Markentechnik, ausgerichtet auf die Marktbedingungen unserer Zeit, die ein reichhaltigeres Instrumentarium notwendig machen. Maßgeblichen Anteil daran, dass Corporate Identity so populär wurde, hat Birkigt und Stadlers Buch »Corporate Identity«, das auch beispielhaft festhält, was eine Markenstrategie be-

167

inhalten muss. Die Diskussion über Corporate Identity machte wieder bewusst, dass hinter einem Angebot eine Idee stehen muss und sich diese nicht verändern darf, auch wenn sich das Management verändert. Statt der Gründerväter vermittelte nun die Kompetenz der Marke die Identität.

»Wir können das halt!«

Dieser Satz von W. Baier, einem Manager bei Henkel, gibt genau wieder, was die Identität ausdrücken soll. Und um diese genau festzulegen und durchzusetzen, muss die Strategie Vergangenheit, Gegenwart und Zukunft in ein System bringen, das zur Botschaft komprimiert in den Köpfen etwas auslöst.

Vergangenheit
- Geschichte
- Tradition
- Gründerpersönlichkeiten
- Erfolge/Misserfolge

Gegenwart
- Märkte/Marktsituation
- Kundenstruktur/Kundenerwartungen
- Wettbewerbscharakter
- Konkurrenten/Konkurrenzprofile
- Organisation
- Mitarbeiter
- Kapazität

- Innovationsleistungen
- Personalpolitik

Zukunft

- Unternehmensziele
- Märkte: gegenwärtig/zukünftig
- Zielgruppen: extern/intern
- Markenprofil
- Markenkern
- Zielwirkungen der Marke
- Markenbotschaft

Taktik

- Maßnahmen: extern/intern
- Budget
- Marktforschung
- Zeitfenster: kurz-, mittel-, langfristig

Um hier nicht einer Checklistenmentalität Vorschub zu leisten – dies ist natürlich nur eine grobe Unterteilung, die je nach Aufgabenstellung unterfüttert werden muss. Wichtiger als die Vollständigkeit der vorstehenden Aufstellung ist die Vision der Führungspersönlichkeit.

Der Weg zur Markenstrategie durchläuft zehn Stationen

1. Erarbeite die Markenbilanz.
2. Stelle die Erwartungen der Kunden dagegen.
3. Definiere ein strategisches Zielsystem.
4. Komprimiere die Markenleistung auf den Markenkern.
5. Stelle eine glaubwürdige Markenphilosophie auf.
6. Definiere das Verhältnis zwischen Dachmarke und Untermarken.
7. Setze den Markenkern in ein Markengesicht um.
8. Setze die emotionale Sonderleistung der Marke in ein Markenerlebnis um. Konzentriere dies in ein Marken-Keyvisual.
9. Lege den Markencode fest (Schlüsselsignale/Zeichenkonfiguration).
10. Führe die Maßnahmen zur Profildurchsetzung nach innen und außen auf.

Das Ergebnis ist der Markenmehrwert.

»All Business is local« contra Globalstrategie

Jedes Unternehmen, das etwas auf sich hält, stellt sich heute als Global Player dar. Und natürlich geht damit die Forderung einher, dass eine Markenstrategie weltweit durchzusetzen ist, und dies wird mit dem Hinweis auf

Coca-Cola begründet. *Nicht weil* Coca-Cola ein einziges Konzept für die ganze Welt hat, *sondern weil man den Eindruck hat,* dass Coca-Cola ein einziges Konzept für die ganze Welt hat. Trotz allem Gerede über Generalisierung ist meine Erfahrung, dass es nicht allzu viele Marken gibt, die ein Global-Player-Markenkonzept vertragen, weil die Mentalitäten und Einstellungen zu der Marke doch erheblich differieren können. Nehmen Sie nur den wunderbaren »New Beetle«, der heute in den USA die Fünfundvierzigjährigen an ihre Collegezeit erinnert und deswegen auf Anhieb Kultstatus bekam. Bei uns hat dieses lustige Auto, bedingt durch eine rationalere Einstellung zum alten Käfer und natürlich auch durch den Preis, es schwer, neben dem Golf zu bestehen. Ich habe jahrzehntelang Brillenfassungsmarken betreut und hierbei schon in Europa ganz unterschiedliche Mentalitätszonen festgestellt. Da ist einmal die romanische Mentalität, die Länder wie Italien, Frankreich und Spanien umfasst, die englische schließt Großbritannien, Irland, Holland und Skandinavien mit ein und natürlich die deutschsprachige, die neben der BRD auch Österreich, die deutschsprachige Schweiz, die Beneluxländer, aber auch einen Teil des ehemaligen Ostblocks abdeckt. Je nach Markt sind die Mentalitätsunterschiede mehr oder weniger deutlich ausgeprägt.

Wenn Sie dann noch die ganze Welt mit Ihrer Markenbotschaft und dem Markengesicht überzeugen wollen, also unterschiedliche Länder wie Südafrika, Singapur, Australien, China und die USA dazukommen, müssen Sie ein sehr einfaches Zeichenrepertoire wählen, was nicht immer möglich ist. Bei BMW gelang uns mit dem

Markenkern für Rover Financial Services – »der Schlüssel zur Unabhängigkeit und Freiheit« – mit dem Bild der Schlüsselübergabe ein sehr eingängiges Keyvisual, das sowohl in Kapstadt als auch in Tokio, Canberra, Ottawa, Neapel und Stuttgart verstanden wird. Aber dies war ein Glücksfall. Natürlich kann man hier nicht verallgemeinern, denn in der Regel empfehle ich, vom Markencode nur das weltweit durchzusetzen, was überall gleich verstanden wird (schon bei den Farben können hier Probleme auftreten). Der Markenkern ist, wenn möglich, inhaltlich beizubehalten, aber er kann mentalitätsgerecht interpretiert werden. Als wir zum Beispiel Labofa, die dänische Bürositzmöbelmarke, positionierten, nahmen wir die ganzheitliche Ergonomiephilosophie für Märkte wie USA und Asien in der Markenbotschaft zurück, weil die Ergonomie dort in den Kaufentscheidungen kaum eine solche Rolle spielt wie bei uns. Man kommt also nicht umhin, für jedes Land die Marke einer genauen Prüfung zu unterziehen. Die Variationsmöglichkeiten in der Grundbotschaft sollten nicht nur im Markenhandbuch festgelegt werden, sondern deren Einhaltung ist auch ständig zu überwachen. Überlassen Sie den inhaltlichen Auftritt der Marke nicht dem »freien Spiel der Kräfte«, sonst wird Ihre Marke zum Spielball von Augenblicksentscheidungen und international bald unkenntlich.

47. Grundregel der Markentechnik:
Prüfen Sie anhand des Pflichtenhefts im Markenhandbuch jedes Werbemittel darauf, ob das formulierte Markenprofil und der Markencode eingehalten werden.

48. Grundregel der Markentechnik:
Legen Sie im Markenhandbuch fest, in welcher Variationsbreite sich die Markenbotschaft und der Markencode auf die europa- beziehungsweise weltweiten Mentalitäten einstellen dürfen.

T WIE TECHNIKMÄRKTE

WIE SIE SICH IM WETTBEWERB DIE POLEPOSITION SICHERN

Es gibt noch einige Märkte, in denen Markentechnik zur Verbesserung der Wettbewerbsfähigkeit verhältnismäßig selten eingesetzt wird. Der zielgerichtete Einsatz des Markenkerns ist hier so fremd wie uns Mitteleuropäern die Lehren des Konfuzius. Gehört hat man zwar schon davon, aber der praktische Bezug auf den eigenen Wirkungskreis wurde niemals zu Ende gedacht, geschweige denn versucht. Wenn Sie also Investitionsgüter herstellen, sei es nun, dass Sie Aluminium verarbeiten, Rohre herstellen, Installationstechnik oder Werkzeugmaschinen – hier ist Ihre große Chance. Noch können Sie sich in diesen Märkten durch Markentechnik schnell und durchschlagend Wettbewerbsvorteile dadurch sichern, indem Sie Ihre Unternehmens- oder Produktmarken streng nach markentechnischen Grundsätzen führen. Allerdings, beeilen sollten Sie sich schon damit. In der letzten Zeit bekomme ich recht viele Anfragen von Unternehmen aus den technischen Märkten. Scheinbar spricht sich doch langsam herum, was Markentechnik bewirken kann. Die häufig strapazierte Binsenweisheit »Die Schnellen fressen die Langsamen« könnte hier genau zutreffen. Ein Investitionsgüterunternehmen, in dem sich das Management in den Dienst der Marke stellt und wo eine Markenidee konsequent verfolgt wird, ist einem Unternehmen ohne Markengrundsätze immer überlegen.

Letztendlich geht es immer um Vertrauen

Bei wertigen Investitionsgütern haben wir es mit einem komplexen Entscheidungsverhalten zu tun, das sich nach Prof. Strothmann in Vorüberlegungsphase, Informationsphase und Entscheidungsphase gliedert. Spontankäufe sind hier eher die Seltenheit und die sorgfältige Vorbereitung die Regel, was bei Gütern wie Anlagetechnik und Werkzeugmaschinen wohl für jeden nachvollziehbar ist. In den drei Phasen des Kaufprozesses versucht man, so viel Informationen wie möglich zu sammeln, denn je mehr Informationen man hat, desto geringer wird das Risiko, eine falsche Entscheidung zu treffen. Strothmann hat schon vor Jahren am Verlauf der Informations- und Risikokurve einleuchtend dargestellt, dass man nie in den Besitz der totalen Information gelangt (gelangen will) und die Diskrepanz durch die Marke beziehungsweise das Vertrauen in die Marke abgedeckt wird. Die Marke sorgt für den Risikoausgleich: »Die können das halt.« Die Marke ist die Beruhigungspille, dass man die richtige Entscheidung getroffen hat. Damit haben Sie den Grund, warum es Branchen gibt, in denen Markentechnik zur Wunderformel werden kann. Wobei die Betonung auf

»kann« liegt, denn wir haben ja bereits gesehen, dass eine ganze Reihe von Unwägbarkeiten zu berücksichtigen sind. Vor einiger Zeit bekam ich von einem der größten Aluminiumverarbeiter ein Briefing, das die Umsetzung einer Markenstrategie forderte und berechtigterweise eine Transferstrategie verlangte, also die Aufladung der Herstellermarke durch starke Produktmarken, die sich verselbstständigt hatten. Eine nicht ganz einfache Aufgabe, da die Herstellermarke mit ganz unterschiedlichen Produktmarkenkompetenzen aufzuladen war.

Während der Präsentation wurde mir schon nach wenigen Minuten klar, dass ich auf der falschen Veranstaltung war und die anwesenden Manager nicht die Einstellung mitbrachten, sich in den Dienst einer Markenidee zu stellen. Die ungeduldigen Zwischenrufe des sehr dominanten Vertriebsmanagers liefen darauf hinaus, dass er eine unterhaltsame Stunde erwartete und es ihm also vor allem darauf ankam, eine aufmerksamkeitsstarke Werbekampagne präsentiert zu bekommen. In dem großen Kreis seiner meist schweigenden Kollegen war nur einer dabei, der erkannte, welche Schieflage die Fragen zur Präsentation hatten, und er entschuldigte sich später dafür bei mir. Aus Höflichkeit sagte ich ihm nicht, dass er während der Diskussion seinen Mund hätte aufmachen müssen. Die Marke hatte in dem Entscheiderkreis zu wenig Freunde, nämlich Menschen mit Charakter. Wenn Sie jetzt fragen, warum ich nicht während der Präsentation offensiv darauf hingewiesen habe, dass bei der zu spürenden geringen Dienstbereitschaft gegenüber der Marke und den mangelnden Kenntnissen über Markenwirkung die Zielforderungen sich nie erfüllen werden, muss ich meine Unzulänglichkeit eingestehen. Manchmal steht man sich mit seinen Umgangsformen selbst im Wege und dann besteht natürlich immer noch die Hoffnung, dass,»o heiliger Schutzpatron der Marke«, die Menschen doch noch erkennen, dass die Konzentration auf Aufmerksamkeitsstärke und Witzigkeit den Blick für die wesentlichen Ziele versperrt. Doch diese Hoffnung trügt fast immer.

Auf der Suche nach einem unbekannten Wesen

Im Investitionsgüterbereich sind, wie auch an den Strothmann'schen Phasen deutlich wurde, die Entscheidungswege oft sehr lang und manchmal auch diffus. Da reden Ingenieure, Produktionsleiter, Sicherheitsbeauftragte und Bedienungspersonal mit, hinzu kommt die Einkaufsabteilung, manchmal auch die Organisationsabteilung, und all diese Meinungen werden dann vielleicht sogar dem Vorstand zur endgültigen Entscheidung vorgelegt. Die Motivationsstrukturen dieser Entscheider sind auch nicht immer deckungsgleich. Der Einkaufsleiter soll möglichst billig einkaufen, der Produktionsleiter will störungsfrei produzieren und das Bedienpersonal wenig Arbeitsaufwand haben und all dies muss das Markenprofil berücksichtigen. Sie müssen sich also bei der Festlegung des Markenkerns auf eine Kompetenz festlegen, die den Hauptentscheider überzeugt. In der Markenliteratur können Sie sehr wohl Argumentationsketten aufbauen, die die unterschiedliche Motivstruktur berücksichtigen. Auch einem Einkaufsleiter kann man klarmachen, dass

177

nicht der geringe Einstandspreis, sondern vielleicht die Reduzierung der Stillstandszeiten das Hauptkriterium für eine Marke ist.

Muss die Agentur viel von Technik verstehen?

Im Prinzip schon, aber deswegen müssen die Berater nicht Ingenieure sein. Es gibt Agenturen, die sich bewusst auf Investitionsgüter spezialisiert haben und sich gegenüber den Konsumgüteragenturen dadurch abzugrenzen versuchen, indem sie auf ihre technische Kompetenz und Erfahrung mit High-Tech-Produkten verweisen. Ich habe von dieser Abgrenzung nie viel gehalten, da der hart umkämpfte Konsumgütermarkt eine intensive Auseinandersetzung mit den Produkten verlangt und außerdem hier viele interessante Lösungen entstehen, die mit Modifikationen auf den Investitionsgütermarkt übertragbar sind. Auf diese Erfahrung sollte eine Agentur nie verzichten müssen. Wenn Sie erfolgreich sein wollen, ist es wesentlich wichtiger, dass die Agentur es versteht, Marken zu machen. Dies ist das Hauptkriterium, und wenn die Agentur etwas kann, so ist es eine Selbstverständlichkeit, dass sie sich mit den Markenvorteilen auseinander setzt. So schicke ich unsere Berater und Grafiker aufs Dach, damit sie Tondachziegel begreifen und auch ungefähre Kenntnisse darüber haben, wie ein Dach gedeckt wird. Oder ich fahre persönlich mit dem Außendienst mit, damit ich einen Eindruck bekomme, wie das Geschäft abläuft. Ist es ein Beziehungsgeschäft oder wird wirklich verkauft? Welche Argumente werden im Verkaufsgespräch eingesetzt? Einige unserer Kundenberater haben einen ähnlich hohen Wissensstand von den Produkten wie der Produktmanager auf der Kundenseite. Nur dann hat dieser einen kompetenten Gesprächspartner. Und Positionierungen kann man ohnehin nur beurteilen, wenn man das genau kennt, wofür die Marke steht. Nun wissen Sie auch, warum es in den Investitionsgütermärkten geradezu geschäftsschädigend ist, zu oft die Agenturen zu wechseln.

Muss Investitionsgüterwerbung Graugusswerbung sein?

Die Graugussanzeigen sind einfach nicht totzukriegen. Sie haben sie auch schon gesehen: In den Fachmedien für Investitionsgüter können Sie Seite um Seite Maschinen sehen, die lieblos ausgeleuchtet, miserabel in Schwarzweiß gedruckt und in ein Layout gestellt sind, das an die unseligen Zeiten des Schwarzmarkts erinnert. Die Maschine als Graugussmonument ist eine Vergeudung von Talent, Zeit, Geld und Ingenieurs-Know-how. Ich kann mir nicht vorstellen, dass irgendjemand glaubt, mit dieser Missachtung des ästhetischen Empfindens bei der Entscheidung etwas bewirken zu können. Man schaltet diese Anzeigen eigentlich nur, um kostenlose PR-Berichte zu bekommen. Dahinter verbirgt sich die Skepsis, ob Werbung überhaupt irgendeinen Einfluss auf das Entscheidungsverhalten für eine High-Tech-Maschine hat. Denn natürlich zählen für Ingenieure nur Fakten und noch einmal Fakten und das eigene Produkt spricht ohnehin für sich. Dass allein das Markenlogo jedoch Kompetenz vermitteln und die Entscheidung emotional ganz wesentlich beeinflussen kann, zeigt die Megamarke Siemens. So habe ich vor einigen Jahren in Tests feststellen müssen, dass unsere Anzeigen für SEL gegenüber Siemens hinsichtlich Glaubwürdigkeit und Kompetenz das Nachsehen hatten. Wenn man die eigenen Arbeiten eigentlich für überzeugender hält, kann man schon den Glauben verlieren. Schließlich kamen wir auf die Idee, unter unsere Anzeige das Siemens-Logo zu setzen und unter die Siemens-Anzeige das SEL-Logo, und unsere Seelen wurden wieder aufgerichtet. Wir gewannen deutlich den Testvergleich. Ein Beispiel dafür, was Marken bewirken können. Die Zahl der Graugussanzeigen hat in den letzten Jahren abgenommen. Einen wesentlichen Beitrag dazu hat in den achtziger Jahren die Düsseldorfer Agentur HSR&S geleistet. Die MAHO-Kampagne zeigte uns allen, dass Investitionsgüterwerbung durchaus ästhetisch sein kann.

Auch RTS Rieger-Team in Leinfelden-Echterdingen hat dabei mitgeholfen, dass die Investitionsgüterwerbung nicht mehr nur von Graugussanzeigen dominiert wird. Und in aller Bescheidenheit: Dongowski & Simon zeigte mit seiner Kampagne für Trumpf Maschinenbau, dass man in technischen Märkten auch sehr kreativ die Ingenieure ansprechen kann, indem wir den Markenkern durch Gemälde von Magritte umsetzten. Jetzt scheint die richtige Zeit dafür zu sein, auch in der Investitionsgütervermarktung einen neuen, qualitativen Sprung zu tun und endlich Markentechnik einzusetzen.

49. Grundregel der Markentechnik:
Markentechnik sichert den Vorsprung im Investitionsgütermarkt.

50. Grundregel der Markentechnik:
Die Argumentationskette gegenüber allen relevanten Zielgruppen ist aus dem Markenkern abzuleiten.

U WIE UNTERNEHMER

DER UNTERNEHMER ALS NATURKRAFT HINTER DER MARKE

Einer der zentralen Gedanken des Domizlaff'schen Werkes weist auf die Bedeutung der unternehmerischen Persönlichkeit für die Entwicklung unserer Gesellschaft hin. In meiner dreißigjährigen Markenarbeit konnte ich Ähnliches beobachten und immer wieder feststellen, dass man Marken nur mit Unternehmern durchsetzen kann. Es sind Persönlichkeiten, die eine Vision haben und bei denen Wägen und Wagen in einem kongruenten Verhältnis stehen. Diese Persönlichkeiten sind in der Lage, selbst wenn sie gewisse Eitelkeiten nicht immer verhehlen können, sich in den Dienst einer Sache zu stellen. Natürlich werden Sie den Erfolg dem eigenen Verdienst zuschreiben, aber für Ihren Einsatz und Ihr Risiko müssen Sie schließlich auch belohnt werden.

Entdecken Sie die Unternehmer unter Ihren Leuten

Unternehmern bin ich in vielen Positionen begegnet. Oft standen sie noch am Anfang ihrer Karriere und waren Produktmanager, häufiger jedoch Marketingleiter oder Vertriebsvorstände und gar nicht so selten Controller und Produktionsleiter. Manchmal waren sie sogar Kontaktassistenten bei uns in der Agentur. Damit will ich verdeutlichen, dass Unternehmer zu sein auch eine Frage der Mentalität ist und sich dieser Charakterzug früh zeigt.

Natürlich ist bei einem jungen Produktmanager, der am Anfang seiner Karriere steht, noch nicht alles ausgereift und es fehlt an Wissen und Erfahrung, aber die Leidenschaft, eine Sache richtig zu tun und dafür Risiken einzugehen, ist schon zu spüren. Solche Menschen sind manchmal unbequem, aber es lohnt sich für das Unternehmen und die Marke, ihnen in den Sattel zu helfen. Halten Sie also Ausschau auf diese Naturkräfte und geben Sie ihnen ein Feld, auf dem sie ihre Fähigkeiten erproben können.

Wie wir das Brillenglas zum Markenartikel machten

Eine dieser seltenen Unternehmerpersönlichkeiten war Günter Gärtner bei Carl Zeiss, der zum Zeitpunkt unserer Zusammenarbeit Produktmanager war. Mit ihm wurde es möglich, das Brillenglas zum Markenartikel zu machen. Um uns nicht mit fremden Federn zu schmücken: Diese Idee war schon lange im Unternehmen vorhanden.

183

Doch es fehlte die Technik, einerseits das Markenzeichen im Brillenglas kenntlich zu machen, andererseits es so einzugravieren, dass es nicht störte. Diese Voraussetzungen konnten erst durch die Lasertechnik gelöst werden. Natürlich stieß der damals sehr neuartige Gedanke, das Brillenglas zum Markenartikel zu machen, im Unternehmen auf einige Widerstände. Doch Günter Gärtner zeigte die Eigenschaften, die einen guten Unternehmer auszeichnen, nämlich Beharrlichkeit und Durchsetzungsvermögen. Er war durchaus in der Lage, Zuständigkeiten und Kompetenzrichtlinien zu ignorieren. Von der Richtigkeit eines Gedankens überzeugt, überwand er alle Widerstände und führte die richtigen Menschen zu einem Team zusammen, das leidenschaftlich für die Sache eintrat.

Der damalige Werbeleiter von Carl Zeiss, Oscar Stark, der darüber hinaus auch ein begnadeter Typograf war, schuf ein Markenlogo, das prägnant und doch einfach war und deshalb auch mittels Laser in das Brillenglas eingraviert werden konnte. Mit einer großen Kampagne durfte ich dann das Brillenglas als Markenartikel vorstellen. Seit dieser Zeit kann man sich davon überzeugen, dass man Zeiss-Markenqualität im Brillenglas hat, wenn man Zeiss-Markenqualität verlangt und bezahlt hat. Für die optische Branche, die bis dahin von vornehmer Zurückhaltung und nicht gerade vom verkäuferischen Impetus geprägt war, ein fast revolutionärer Schritt.

Ohne Günter Gärtner, der aufgrund seiner Durchsetzungskraft nicht nur Freunde hatte, hätte ich als externer Markentechniker diese schöne Aufgabe nie bewältigen können. Trotz seiner Ecken und Kanten machte Günter Gärtner bei Zeiss Karriere und wurde Bereichsleiter, doch oft habe ich gedacht, dass er zu den Menschen gehört, die sich ein eigenes Königreich hätten aufbauen sollen. Er wäre sicher der Vater einer großen Marke geworden. Nun, es bleibt ihm, dass er einer der Väter des Markenartikels Brillenglas geworden ist. Meine Aufgabe bestand nur darin, mich in den Dienst dieser Idee zu stellen und den Auftritt des neuen Markenartikels zu inszenieren. Dies müssen wir nicht schlecht gemacht haben, denn damals war Zeiss Marktführer und blieb noch weitere zehn Jahre Kunde der Agentur.

Zum Unternehmertum gehören Verstand und Herz

Die Regeln der Markentechnik könnten den Eindruck erwecken, dass das Markengeschäft ein stark kopfgesteuertes Geschäft ist. Das Gegenteil ist der Fall. Marken brauchen Menschen, die sich begeistern können und ihr Geschäft mit viel Herz betreiben. Petersen & Waterman haben in ihrem lesenswerten Buch »Auf der Suche nach Spitzenleistungen« bei den sehr erfolgreichen Unternehmen folgende Gemeinsamkeiten festgestellt:

1. Leidenschaft in Bezug auf Qualität
2. Leidenschaft in Bezug auf Kundennähe
3. Leidenschaft in Bezug auf Unternehmertum

Ich möchte diese Aufzeichnung ergänzen:

4. Leidenschaft in Bezug auf die Markenidee

Um diese sichtbar zu machen, sind bestimmte Voraussetzungen zu erfüllen: Qualität im Denken und Qualität im Tun. Was wiederum eine bestimmte Qualität von Menschen verlangt: Menschen, die sich begeistert umtun. Wer seine Kunden nicht kennt, kann sich nicht an ihren Wünschen orientieren. Aber wie viele Manager gibt es, die jährlich wenigstens zweimal die Kunden besuchen? Wie viele Manager gibt es, die ihre Marke selbst verkauft haben, sei es im Laden, sei es bei den Einkäufern von OBI, Praktiker usw.?

Das Management von Zeit zu Zeit die Front spüren zu lassen, kann ungeahnte Kräfte freisetzen, auf jeden Fall verhilft es zum Wissen, wie die Marke »draußen« funktioniert. Ich halte von solchen selbstverständlichen Dingen jedenfalls mehr, als Manager über Schluchten zu schicken, sie auf Berggipfel hinaufzujagen oder Wüsten durchwandern zu lassen.

Mit einer Mission unterwegs

Ich bin ein Markenmann. Seit dreißig Jahren tue ich nichts anderes, als Marken zu pflanzen, zu hegen und zu pflegen. Meine Klientenliste liest sich über diesen Zeitraum hinweg wie das »Who's who« der deutschen Wirtschaftsgeschichte und eigentlich könnte ich also ganz zufrieden sein. Ich habe viele Unternehmer getroffen, die mich verstanden haben, und viele Begegnungen waren für mich auch persönlich anregend und bereichernd.

Aber ich habe in dieser Zeit auch meine Unzulänglichkeiten kennen gelernt. Als externer Berater können Sie zwar das Saatgut, die Pflegemittel und das Handwerkszeug zeigen, aber nicht ich, sondern der Unternehmer entscheidet, ob es genutzt und eine Vision Wirklichkeit wird. Deshalb bin ich hinsichtlich meiner Wichtigkeit einigermaßen demütig. Ich weiß, ich bin mit einer Idee unterwegs, die auf jeden Fall Erfolg bringt, wenn man die Grundregeln der Markentechnik beachtet. Jeder Unternehmer kann durch Markentechnik erfolgreich sein. Aber wenn man sich die Floprate ansieht, so wird deutlich, warum ich unzufrieden bin. Es gibt immer noch zu wenig Freunde der Markentechnik. Und ich reise weiter und suche weiter die Unternehmer, die mit mir die Geburtsstunde einer Marke einleiten wollen. Ich suche Freunde. Auch nach dreißig Jahren bereitet mir das immer noch sehr viel Vergnügen.

51. Grundregel der Markentechnik:
Erst der unternehmerische Impetus macht einen Absender zur Marke.

52. Grundregel der Markentechnik:
Fördern Sie die unternehmerischen Veranlagungen Ihrer Mitarbeiter.

53. Grundregel der Markentechnik:
Zur Markenführung gehören Erfahrungen an der Verkaufsfront.

V WIE VERBRAUCHER

DIE MACHT DER MARKE IST
GELIEHENE MACHT

Die Macht der Marke entsteht aus dem Vertrauen der
Kunden. Dieses kann jederzeit entzogen werden, wenn
die Marke die Erwartungen nicht (mehr) erfüllt. In den
sechziger Jahren schrieb ein gewisser Vance Packard ein
Buch, das ein mittleres Erdbeben auslöste. Er berichtete
darin von einem Experiment, das die Manipulationsmög-
lichkeiten durch Werbung beweisen sollte: der arme Verbraucher in den Fängen skrupelloser Verführer aus der
Madison Avenue. Mit moralisierendem Unterton berichtete der phantasiereiche Vance, dass in einem Kino
irgendwo in den USA Unerhörtes passiert war: In einen
Film seien unsichtbare Sequenzen hineingeschnitten worden, die zum Genuss von Eiscreme aufforderten. Daraufhin sei der Umsatz von Speiseeis nach dem Kinobesuch
gestiegen. Dies war natürlich Wasser auf den Mühlen derjenigen, die ohnehin der Meinung sind, dass Werbung
zum Teufelszeug gehört und unmoralisch, produktver-
teuernd und damit unnütz sei. (Dass Werbung Arbeitsplätze schafft und Markenwerbung sogar Moral voraussetzt, müsste sich nach den vielen Aufklärungsversuchen

durch die Werbewirtschaft mittlerweile herumgesprochen haben.) Der spektakuläre Titel des Buches »Die geheimen Verführer« tat ein Übriges und so konnte man keine Party verlassen, ohne sich zu rechtfertigen, dass man erstens selbst nie so etwas getan habe und zweitens auch noch nie gehört habe, dass in Deutschland so etwas möglich sei. Diese Beteuerungen hatten nur zum Ergebnis, dass man fortan zu den Stümpern der »geheimen Verführer« gezählt wurde.

Man kann sich vorstellen, dass »Himmel und Hölle« in Bewegung gesetzt wurden, um herauszufinden, wie und wo diese Geschichte abgelaufen ist. Doch weder das Kino noch irgendein Teilnehmer dieses Experiments konnten jemals ausgemacht werden. Das Buch wurde allerdings ein Bestseller.

Erst in den Köpfen der Menschen werden Zeichen zu Marken

Zeichen werden zu Marken, wenn sie dem Menschen etwas geben. Wenn sie eine Antwort auf seine Wünsche und Probleme sind. Natürlich können Sie mit viel Geld und Werbung den Menschen jeden Unsinn in die Köpfe hämmern. Dann wird der Name vielleicht bekannt sein und im günstigsten Fall ist man »top of the mind«. Aber damit ist noch nicht gesagt, dass der Name auch eine werteerklärende Ausstrahlung hat, geschweige denn ein Vertrauen auslöst, wie zum Beispiel die Marke Mercedes, die Tausende von Menschen dazu bringt, ein Automobil »blind« zu ordern. Zwischen der Marke und dem Käufer existiert also ein Band, das Ehrlichkeit und Integrität voraussetzt. Diese besondere Beziehung ist die Basis, die zur Markentreue führt. Marken sind Signale der Verlässlichkeit, und deshalb sollte zwischen Marke und Kunde ein ständiger Austausch von Informationen und Kontakten stattfinden. Eine meiner ersten Arbeiten auf dem Gebiet der Markentechnik bestand darin, beim Aufbau eines Kundenkontaktprogramms mitzuhelfen. Als junger Volontär bei VW sollte ich mir Gedanken über die Intensivierung der Kunden-VW-Beziehung machen.

Es hatte also nichts mit der großen glitzernden Werbewelt zu tun, sondern war eher eine organisatorische Angelegenheit und eine Frage des Nachdenkens über die Beziehungen zwischen Kunden und Automobilindustrie. Vielleicht war dies der Grund, warum sich niemand diese Arbeit aufladen wollte und sie einem »Frischling« wie mir überlassen wurde. Ich habe auch nicht die tollen Vorschläge geliefert, wie man dem Kunden nach dem Kauf die Entscheidung bestätigt und ihn vor dem neuen Kaufintervall »heiß« auf das neue Auto macht, denn dies war die Arbeit der Agentur.

Aber ich hatte die Aufgabe, das Briefing zu schreiben, mit den Agenturen zu sprechen und deren Vorschläge zu sichten und alles für die Entscheidung der Werbeleitung vorzubereiten. Dabei habe ich eine Menge darüber gelernt, wie man die Kunden »bei der Stange« hält. Diese Arbeit in jungen Jahren hat mich darin sensibilisiert, der Kundentreue meine besondere Aufmerksamkeit zu schenken. Denn einen Kunden zu halten, ist meistens weniger schwierig und teuer, als einen neuen zu gewinnen. Deswegen empfehle ich jedem Kunden, der ein technisches Produkt herstellt, die Garantieerklärung zum Aufbau eines Kundenkontaktprogramms zu nutzen, und wenn es Sinn macht, empfehle ich Klubs mit einer Klubzeitung und Veranstaltungen, die dazu dienen, die Bindung zum Kunden zu verbessern.

Keine Markenstrategie ohne Zielgruppenanalyse

»Erst sondieren, dann attackieren!« Diese alte Devise der Husaren gilt insbesondere auch für Markenstrategien. Wenn Sie Ihre Käufer, deren Wünsche, Einstellungen und Wissen nicht kennen, sollten Sie Ihr Geld lieber sparen und auf aufwendige Kampagnen verzichten. Die Marke ist dann ohnehin suizidgefährdet. Wer nicht ständig analysiert, das Kaufverhalten beobachtet, kann seine Marke nur durch Zufall zum Erfolg führen. Darauf sollten Sie sich besser nicht verlassen. Es kann natürlich bedeuten, dass Sie, falls keine Marktforschungsabteilung vorhanden ist, ein Marktforschungsinstitut engagieren müssen. Ein Marktforschungsinstitut, das Ihnen nicht nur über den Markt, sondern auch über den Zustand der Mitarbeiter, also über deren Motivation, Auskunft gibt, die für die Marke arbeiten. Wenn Sie den Namen eines besonders guten Instituts wissen wollen: IFM Mannheim ist unter anderem eine Adresse, die die Erkenntnisse liefert, die Ihrer Markenstrategie eine fundierte Basis geben.

Ihre Zielgruppen bestehen nicht nur aus Kunden

Die Markenstrategie verlangt, dass man sich nicht nur der Außenwelt, sondern auch der Innenwelt zuwendet und vor allem die Mitarbeiter für die Idee der Marke gewinnt. Doch in der Außenwelt darf sich die Marke nicht nur an die Käufer wenden, sondern hier gibt es auch andere Zielgruppe, wie zum Beispiel die Börse, also die Kapitalgeber. Eine Marke, die Werte vermittelt, wird von den Anlegern besser beurteilt als ein Unternehmen, dessen Marke keine Kompetenz vermittelt.

Man kann sich also den Markenkern im wahrsten Sinne des Wortes vergolden lassen. Wenn Sie also in absehbarer Zeit an die Börse wollen, reden Sie nicht nur mit den Finanzagenturen, sondern auch mit dem Markentechniker. Natürlich hat die Marke noch andere Adressaten, wie zum Beispiel ihre Lieferanten, sogar ihre Wettbewerber und vor allem die Presse.

Letzere ist wichtig, wenn alles gut läuft, weil sie ein Transformator ist, der für die Aufnahme Ihrer Botschaften ein gutes Klima schafft. Die Presse ist vor allem wichtig, wenn es mal nicht so gut läuft, wenn in Ihrem Unternehmen »ein Bock geschossen« wurde. Gute Marken stammen aus Unternehmen, die sich der Presse öffnen und mit ihr leben und manchmal sogar durch sie. Großen Respekt habe ich – wie gesagt – vor der Art und Weise, wie Mercedes bei der A-Klasse auf die Berichte über den Elchtest reagierte. Die Kampagne mit Boris Becker und die Aussage, dass man aus Fehlern lernen kann, war ein mustergültiges Beispiel guter Öffentlichkeitsarbeit nach einer fast gescheiterten

Markteinführung. Journalisten, die von Berufs wegen
schon gelernt haben, die Wahrheit von Lügen zu unterscheiden, werden Ihnen Respekt entgegenbringen, wenn
Sie Fehler zugeben. Man wird Sie fair behandeln, wenn Sie
die Gründe der Panne offen legen und ausführlich über
Fehlerkorrekturen informieren. Natürlich gehören auch
Schüler und Studenten zu den Zielgruppen der Marke.
Nicht nur als künftige Konsumenten, sondern als Mitarbeiter für die Marke. Denn nur durch ein Personalgewin-
nungsprogramm bekommen Sie die Menschen, die zu der
Markenidee passen. Deshalb wird die Markenstrategie immer auch Antworten auf die Frage, welche Menschen wie
für Sie zukünftig zu gewinnen sind, geben. Denken Sie einmal darüber nach, was Sie für die Zukunft der jungen Menschen tun können. Sozialsponsoring kann gut angelegtes
Geld für die Zukunft Ihrer Marke sein.

54. Grundregel der Markentechnik:
Nehmen Sie die Kundenbindung so ernst wie die
Kundengewinnung.

55. Grundregel der Markentechnik:
Schaffen Sie durch ein Kundenkontaktprogramm eine
Bindung zu den Kunden.

56. Grundregel der Markentechnik:
Eine Marke, die Werte vermittelt, bringt an der Börse
den höheren Mehrwert.

57. Grundregel der Markentechnik:
Öffnen Sie sich gegenüber der Presse und seien Sie
informationsfreudig, ehrlich und fair.

W WIE WERTE

WER VOM MARKENWERT SPRICHT, ERZÄHLT VOM REICHTUM DES UNTERNEHMENS

Als Ford die Traditionsmarke Jaguar oder Nestlé Rowntree Macintosh kaufte, lag dies gewiss nicht an den Produktionsanlagen. Es war der Markenwert, der zum Beispiel Nestlé veranlasste, angeblich 2,55 Milliarden Pfund auszugeben. Bereits 1989 wurde ich durch einen Artikel im *Manager Magazin* auf die Arbeit von Roland Schulz und Klaus Brandmeyer zur Markenwertbemessung aufmerksam. Insbesondere ihr Artikel im *Markenartikel/Juli 1989* zeigte auf, dass man dazu überging, das, was ich schon immer als das größte Kapital des Unternehmens angesehen hatte, nun endlich zu quantifizieren und als Wert anzuerkennen. Trotz dieser hervorragenden Arbeit, trotz interessanter Beiträge in den Fachmedien, wie zum Beispiel Dieter Mussler und Sven Mussler im *Marketing Journal* über die »Markenbewertung in der Praxis«, hat die Werteinschätzung der Marke immer noch nicht die Bedeutung, die ihr eigentlich zukommt. Dies mag daran liegen, dass die Markenwerteinschätzungen der einzelnen Institute stark differieren.

Es sind immer noch nur wenige Unternehmen, die ihren Markenwert benennen können. Man kann die Tragweite gar nicht hoch genug einschätzen. Über das größte Kapital des Unternehmens besteht also nach wie vor Unklarheit. Eine Bankrotterklärung in der Markenführung. In letzter Zeit haben Veröffentlichungen wie von PriceWaterhouse Coopers dazu beigetragen, dass dem Markenwert eine größere Aufmerksamkeit gewidmet wird. »Die Markenführung muss zur Chefsache werden. Denn der Markenwert wird für die Beurteilung wichtiger als der Kapitalwert. Bereits heute macht der Markenwert als immaterieller Vermögensfaktor mehr als die Hälfte des Gesamtwertes eines Unternehmens aus.«

Nachdem dies durch die Wirtschafts- und Werbepresse ging, gab es natürlich in manchen Führungsetagen nachdenkliche Mienen. Und vielleicht kommt man nun doch noch zu der Erkenntnis, dass man bisher in der Markenführung recht nachlässig war und dadurch Kapital verschleudert hat. Vielleicht begreift man jetzt doch noch, dass die Marke in den nächsten Jahrzehnten die entscheidende Waffe im Wettbewerb sein wird. Die Gründe sind offensichtlich: An der explosionsartigen Zunahme der Informationen kann niemand mehr vorbeisehen. Je mehr Informationen auf die Menschen einwirken, desto wichtiger sind Codes wie AEG oder der Stern von Mercedes, die einem mehr sagen als »Dies ist ein großes Elektrounternehmen oder eine bekannte Automarke«. Zeichen, die Werte vermitteln, gehören zum Reichtum des Unternehmens. Mittlerweile werden Bewertungsmodelle von GfK, Nielsen, ICON und Interbrand angeboten. Was ist nun überhaupt der Markenwert? Mir gefällt immer noch die

Definition von Brandmeyer und Schulz am besten: »Die Gesamtheit aller positiven und negativen Vorstellungen, die im Konsumenten ganz oder teilweise aktiviert werden, wenn man das Markenzeichen wahrnimmt.«

Um diese Vorstellungen quantifizierbar zu machen, sind eine Reihe von Faktoren heranzuziehen:

- Marktgröße
- Marktanteil
- Marktbewertung
- Handelspräsenz
- Markenkompetenz (Uniqueness)
- Markenbekanntheit
- Markenbotschaft
- Markenbild
- Markensignale
- Markenbindung
- Markensympathie
- Markenbonus
- Markentreue
- Markenetat

Dies sind nur einige Faktoren, die mir spontan einfallen; den einzelnen Marktforschungsunternehmen sind noch ein paar mehr dazu eingefallen und sie differieren auch untereinander. Welches Institut nun vorzuziehen ist, ist fast eine Glaubensfrage. Also lassen Sie sich die Bewertungsmodelle vorstellen und entscheiden Sie sich für das am wenigsten komplizierte. Mir persönlich gefällt das Brand Rating von ICON und Wiesehuber & Partner sehr gut, da es nicht nur den derzeitigen Markenwert benennt, sondern auch den zukünftig erreichbaren, also die Markenressourcen aufzeigt und somit erst strategische Markenführung erlaubt. Es kann also herausgearbeitet werden, was zu tun ist, um die Zielwerte zu erreichen, wie also die Markenressourcen auszuschöpfen sind. Und genau hier setzt die Arbeit des Markentechnikers an.

Vernichten Sie den Markenwert nicht durch Preisaktionen

Wenn Sie Ihrer Marke Böses antun wollen, dann können Sie entweder die Qualität absenken oder an der Preisschraube drehen. Sie werden nun einwenden, dass kein Manager so etwas Böses mit seiner Marke vorhat. Und doch geschieht es ständig. Beides ist Gift für das Markenwesen und eigentlich wissen dies auch alle, aber irgendwie glaubt jeder dieser Übeltäter, dass er nicht erwischt wird und sein Attentat unbemerkt bleibt. Die Qualität wird gesenkt, weil man einen Zulieferer gefunden hat, der noch preisgünstiger ist, gleichwohl Qualität verspricht, aber nicht liefert. Die dadurch fällige Rückrufaktion verpasst dem Markenwesen beim ersten Mal nur einen leichten Schnupfen, aber beim zweiten Mal bereits eine Lungenentzündung. Bei Qualitätsverstößen wird der Sündenfall recht schnell deutlich. Ein schleichendes Gift dagegen sind Promotionpreise, das Verschenken von Produkten oder das Anbieten von mehr Inhalt zum gleichen Preis. Gerade in Zeiten, in denen sich die Umsatzziele nicht so leicht realisieren lassen, greift man gern zum Dopingmittel »Promotion«. Promotions haben leider den Nachteil, dass man die Dosis immer weiter verstärken muss, um noch den gleichen Effekt zu erzielen. Man muss ständig »Rummel« machen, sensationelle Nachlässe oder Zugaben anbieten und erzieht so Markenkäufer zu Preiskäufern, und das Markenprofil ist nach einiger Zeit auch nicht mehr das, was es einmal war. Denken Sie an das Markenwesen, an seine Würde und an den Respekt, den es mit Recht von uns einfordert.

Nichts ist sicher – außer dem Wandel

An einem Maitag 500 vor Christus starrte ein Grieche namens Heraklit in das trübe Gewässer eines halb ausgetrockneten Flusslaufs vor der Stadt Ephesus und kam zu der Erkenntnis, die noch Jahrtausende später Herrn Nietzsche beschäftigte, obwohl sie auf den ersten Blick nicht viel herzugeben schien: »Man steigt nicht zweimal in den gleichen Fluss.« Ich kann mir vorstellen, dass Sie diese Tiefgründigkeit des großen Philosophen auch nicht gerade umwirft. Aber machen wir uns einmal klar, was er uns damit sagen wollte.

Jede Generation hat ihre eigenen Werte

Es ist die Aufgabe des Markentechnikers, darauf einzugehen und vielleicht mit der Marke eine Antwort darauf zu geben. »Eine Marke verlangt Kontinuität«, werden Sie mich beim Wort nehmen. Diesen vielleicht wichtigsten Satz der Markentechnik nehme ich sehr ernst. Aber trotzdem darf die Marke nicht veralten, sondern muss von Zeit zu Zeit überprüft und, wenn notwendig, fast unmerklich den veränderten Zeitläufen angepasst werden. Eine Anpassung ist gelungen, wenn sie niemand bemerkt oder sie als selbstverständlich akzeptiert wird. Das Markenwesen lebt und es kann sich überleben, wenn es auf die nachwachsende Generation nicht eingestellt wird oder wenn das Markengesicht nicht die veränderte Bewusstseinslage beantwortet. Die Wertvorstellungen der Menschen haben sich in den letzten fünfzig Jahren revolutionär verändert.

In den fünfziger Jahren orientierten sich die Wertvorstellungen an Disziplin, Gehorsam und Pflichterfüllung. Deutsche Grundtugenden, die später in den achtziger Jahren als Sekundärtugenden diskreditiert wurden. Bereits ab den siebziger Jahren dominierten Selbstentfaltungswerte wie Emanzipation, Gleichbehandlung und Selbstverwirklichung. Heute spricht man vom »Wertepluralismus«, der die Spaßgeneration einerseits idealistisch zeigt, andererseits auch als beinharte Realisten mit sehr konservativen Grundwerten. Und morgen? Es scheint so, dass man sich wieder den alten Tugenden annähert und Pflicht- und Akzeptanzwerte erneut in den Vordergrund rücken. Es leuchtet ein, dass die Kenntnis über solche Entwicklungen für emotionale Positionierungen von elementarer Bedeutung sind. Die Marke darf sich nicht kurzfristigen Trends ausliefern, sonst wird sie vernichtet; aber sie stirbt, wenn sie sich nicht flexibel den Zeitläufen anpasst. Auch die Markenlegende Nivea hat sich verändert und zeigt nicht mehr das Markengesicht der fünfziger Jahre.

Markenwertbestimmung als Grundlage zur Agenturhonorierung?

Im Laufe meiner Markenberatung ist es mir natürlich passiert, dass man mir vorschlug, meine Honorierung am Markenerfolg festzumachen. Ich habe damit nie ein Problem gehabt. Die Voraussetzung dafür ist, dass man vor Beginn meiner Arbeit eine Markenwertbestimmung vornimmt und diese in zwei- bis dreijährigen Intervallen wiederholt. Obwohl ich dies oft freundschaftlich mit meinen Kunden diskutiert habe, so ist es wegen der Freundschaft bisher nicht dazu gekommen, dies einmal durchzuziehen. Die Befürchtung, dass ich bei diesem Honorarsystem zu viel verdiene, war bisher leider immer zu groß. Ich bin natürlich nach wie vor der Meinung, dass der Wert meiner Arbeit an dem Erfolg der Marke gemessen werden kann, und sehe darin immer noch die beste Bemessungsgrundlage für eine leistungsgerechte Honorierung. Allerdings bleibt ein Problem: Es gibt eine ganze Reihe von Unternehmensinstrumenten wie Personal- und Vertriebspolitik, die bei der Markendurchsetzung ausgerichtet werden müssen, die aber nicht in meinem Einflussbereich liegen. Bei der Vorstellung der ganzheitlichen Markenstrategie berücksichtige ich zwar alle Instrumentarien, die mit der Markenidee zu durchdringen sind. Aber die Durchsetzungsverantwortung hat der Unternehmensführer und nicht ich. Das erfolgsorientierte Honorarsystem funktioniert also nur, wenn ein gegenseitiges Vertrauen besteht, und dies wird am Anfang einer Beziehung nicht immer gleich da sein. Langfristig dürfte der Trend jedoch in die Richtung gehen, dass man sich als Markenagentur wenigstens teilweise über den Markenerfolg honorieren lässt. Dies hätte noch einen anderen Nebeneffekt: Neben der Kreativität würde unter Werbeleuten auch die Qualität der Markenpositionierung als gleichwertiger Wert stärker in den Mittelpunkt des Interesses rücken. Der Werbeberuf könnte damit ein Beruf für Erwachsene werden.

58. Grundregel der Markentechnik:
Stellen Sie fest, was Ihre Marke wert ist, und wiederholen Sie die Bewertung in regelmäßigen Abständen.

59. Grundregel der Markentechnik:
Passen Sie Ihre Marke unmerklich den veränderten Zeitläufen an.

Z WIE ZUKUNFT

DIE GROSSE ZEIT DER MARKE STEHT UNS NOCH BEVOR

Da das Informationsbombardement noch lange nicht seinen Zenit erreicht hat und vielleicht auch nie erreichen, sondern immer nur stärker werden wird, habe ich hinsichtlich der Zukunft der Marke keine Angst. Sicher, Tausende von Marken werden verschwinden, weil sie keine Antwort auf die Probleme und Fragen der Verbraucher geben, schlecht geführt werden oder sich vielleicht sogar dem fraktalen Schwachsinn ausgeliefert haben. Alles ist im Fluss. Wie die GfK feststellt, »gelingt es nur noch den Marktführern, ihre Anteile gegenüber dem ständig wachsenden Segment der Handelsmarken zu behaupten. Der breiten Mitte des Marktes verbleibt nur noch die Möglichkeit, durch eine konsequente Markenpositionierung ihre Marken zu stärken und unentbehrlich zu machen«. Da ist noch ein weites Feld zu bestellen. Indem ich dies schreibe, erinnere ich mich an den gestrigen Tag, als ich dem Management eines großen Möbelherstellers die Vorgehensweise beim Markenaufbau erläutert habe. Es wurde mir eine sehr intelligente Frage gestellt, die auch den

Kern berührt, warum Markentechnik eine Philosophie für eine Elite bleiben wird: »Woran können Markenstrategien scheitern? Bei Ihnen hört sich das so an, als gäbe es diese Möglichkeit nicht.«

Meine Antwort bestand aus zwei Worten: »An Ihnen!« Es sind allein die Menschen, ihr Egoismus, ihre Dummheit, ihre Eitelkeit, ihre Faulheit, die Marken scheitern lassen. Und damit kommen wir zum Geheimnis der Marke. Sie werden es bereits selbst für sich entdeckt haben. Das Geheimnis der Marke liegt in uns selbst, in unserem Charakter, in unserem Sinn für Anstand, Würde und Fairness. Die Marke ist eine Persönlichkeit, weil sie die Persönlichkeit des Markenführers angenommen hat. Dies ist der Baugrund, auf dem sich das Gebäude der Markentechnik erhebt.

Das Tor zum Markenweg steht jedem offen

Es sind die Menschen, die sich selbst das Tor vor der Nase zuschlagen. Marken verlangen Integrität, Charakter und Begeisterungsfähigkeit. Aber Marken verlangen auch Geduld, und die bringen die Menschen in unserer schnelllebigen Zeit immer weniger auf. Wenn die Qualität in Ordnung ist, werden Sie erfolgreich sein, wenn Sie sich an dieses ABC der Markentechnik halten. Unternehmer unternehmen etwas. Sie bringen ihre Marke in einen Zustand, der sie für die Turbulenzen der Zukunft wappnet. Von Verwaltern ist dies nicht zu erwarten. Heute denken schon vierzigjährige Männer über ihre Rente nach. Was kann man mit solchen Leuten erreichen? Mit diesen Menschen kann man nicht zu neuen Ufern aufbrechen, da sie das Alte nicht aus den Augen lassen wollen. Mit Verwaltern und Zauderern kann man allenfalls Golf spielen.

Gründen wir den Klub »Freunde der Markentechnik«

Seit dreißig Jahren bin ich mit einer einfachen Botschaft unterwegs:»Sie werden mit Ihrer Marke erfolgreich sein.« Immer wieder finde ich diese Menschen, von denen Domizlaff sagte,»… dass sie die billigsten Naturkräfte sind, die eine Gemeinschaft mit Leben erfüllen können«. Ein Unternehmer, der einer Marke vorsteht, braucht nicht unbedingt viel von Markentechnik zu verstehen, aber er sollte das heilige Feuer haben, das Begeisterung entzündet. Er sollte an die Marke und an seine Mission glauben. Wie die vielen Marken, die jedes Jahr krank werden und schließlich verschwinden, uns mahnend vor Augen führen, gibt es diese Persönlichkeiten immer noch zu selten.

Schlagen wir also die Trommel und sammeln wir uns

Starten wir eine Offensive für die richtige Markenführung. Ich sagte es schon: Es kann gar nicht genug Freunde der Marke geben und sie sollten sich gegenseitig helfen. Das tun sie am besten, indem sie ihre Erfahrungen austauschen. Wenn ich einen Klub vorschlage, so meine ich das richtig altmodisch, mit gemütlichen, dicken Leder-Klubsesseln, Kamin und so weiter. Sie wissen schon, was ich meine. Das Klubhaus muss nicht an der Themse liegen, sondern Elbe, Rhein, Main oder Neckar eignen sich genauso gut. Ich denke auch an Klubregeln, Klubabzeichen und Klubkrawatte, natürlich ist der Klub auch an eine gute Küche angeschlossen und selbstverständlich kann man in dem Klubhaus übernachten, denn der Whisky sollte schon vorzüglich sein. Ein- oder zweimal in der Woche gibt es einen Vortrag über Markenführung und Markentechnik mit anschließender Diskussion. Es ist ein elitärer Klub, denn Mitglied kann nur werden, wer entweder in unternehmerischer Eigenschaft Marken führt oder als Markentechniker nachweislich Marken betreut. Natürlich gibt es jedes Jahr einen Preis für gute Markenführung und es werden mit diesem sowohl das Unternehmen als auch die Werbeagentur ausgezeichnet. Um meine Träumereien zu beenden, werden Sie einwerfen, dass so etwas viel Geld kostet. Aber soll es deswegen scheitern? Natürlich muss ein Mitgliedsbeitrag erhoben werden und auf Sponsoring wird man auch nicht verzichten können. Aber welches Unternehmen mit einem guten Markennamen wird nicht gern etwas für einen Klub tun, der sich der Markenpflege und dem Austausch von Erkenntnissen verschrieben hat?

Verhelfen wir einer großen Idee zum Sieg

Mit Domizlaff hat es angefangen und viele große Marken verdanken ihre Existenz seinen Ideen. Doch schon er beklagte, dass man der handwerklichen Seite unseres Berufs zu wenig Aufmerksamkeit schenkt. Indem wir Freunde der Marke auf die Regeln der Markentechnik aufmerksam machen und neue Freunde hinzugewinnen, verhindern wir, dass Werte vernichtet werden. Vielleicht ist dabei der höchste Wert, dass Arbeitsplätze erhalten bleiben und die Menschen in ihrem Tun wieder einen Sinn sehen. Die Marke ist das Siegeszeichen des Unternehmertums. Man muss nur wissen, wie man damit umzugehen hat. Die Marke kann auch Ihr Siegeszeichen sein.

60. Grundregel der Markentechnik:
Stellen Sie sich persönlich in den Dienst der Markenidee und ihrer Grundregeln.

Wer alles an diesem Buch mitgewirkt hat

Am Ursprung dieses Buchs steht ein Titan. Ohne meine Begegnung mit Hans Domizlaff wäre ich vielleicht nie zum Markentechniker geworden. Aber auch alle meine Kunden haben zu meinen Erfahrungen beigetragen, die dann diesem Buch Gestalt geben. Bücher wie

»Die Gewinnung des öffentlichen Vertrauens«
von Hans Domizlaff

»Image«
von Kurt Huber

»Corporate Religion«
von Jesper Kunde

»Erfolgsfaktor Marke«
von Richard Köhler, Wolfgang Majer, Heinz Wiezorek

»Die magische Gestalt«
von Brandmeyer & Deichsel

»Positionierung«
von Ries und Thonet

»Die größten Erfolgsstories aller Zeiten«
von Daniel Gross

»Branding«
von Al Ries und Laurie Ries

haben meine Einsichten geprägt. Doch mein besonderer Dank gilt Persönlichkeiten, deren Ansichten und Wirken mich in meiner Arbeit bestärkten: Bernd M. Michael von Grey, der mir zu mancher Erkenntnis verhalf. F. W. Dieter Simonis, seinerzeit Marketingleiter bei Zeiss Ferngläser, den ich dabei unterstützen durfte, in einem sehr schwierigen Markt eine beispielhafte Markenerfolgsstory zu schreiben. Wolfgang K. A. Disch, mit dem ich aufregende und interessante Gespräche über Markentechnik geführt habe. Michael Brandtner nicht zu vergessen, der mir Al Ries nahe brachte … Dr. Norbert Wieselhuber und Hans Spannagl, die mich auf meinem Weg unterstützten.

Sicher habe ich manche und manches vergessen zu erwähnen. Nicht vergessen will ich aber meine Sekretärin, Frau Sylvia Rudat, die unermüdlich und geduldig dafür gesorgt hat, dass unleserliche Zeichen zu einem Buch über Markentechnik wurden.

Stuttgart, im Juni 2001

ANHANG:

Die 60 Grundregeln der Markentechnik

1. Die Voraussetzung zur Markendurchsetzung ist der Wille, sich einer Idee zu verschreiben.

2. Unterscheiden Sie sich von der Konkurrenz durch ein einzigartiges Nutzenversprechen.

3. Begreifen Sie die Marke als lebendiges Wesen mit einem unverwechselbaren Charakter.

4. Das Markenprofil ist ein Identitätsprofil, das aufzeigt, wofür die Marke steht.

5. Das Markenprofil ist eine Antwort auf Sehnsüchte und Wünsche der Käufer.

6. Das Markenprofil muss ehrlich, glaubwürdig und nachvollziehbar sein.

7. Setzen Sie das Markenprofil in Markengesetze und Leitlinien um.

8. Komprimieren Sie das Markenprofil zum Markenkern.

9. Der Markenkern zeigt den einzigartigen Nutzenvorteil, also die Kernkompetenz der Marke.

10. Definieren Sie den Markenkern einfach, unmissverständlich und eindimensional.

11. Versuchen Sie der Erste zu sein, der sich eindeutig positioniert – wenn Sie der Zweite sind, müssen Sie zeigen, warum Sie bald der Erste sein werden.

12. Die Kernkompetenz muss mit den Erwartungen und Wünschen der Kernzielgruppen übereinstimmen.

13. Bringen Sie unter dem Markendach nicht Produkte unter, die außerhalb der Kernkompetenz liegen.

14. Wenn unter der Marke Fehler gemacht werden, hilft nur Offenheit, Fairness und Großzügigkeit.

15. Der Markenkern ist die Richtschnur bei allen Maßnahmen für die Marke.

16. Markenführung ist heute Chefsache.

17. Markenführer und Markentechniker müssen ein Team bilden.

18. Die richtige Agentur für Ihre Marke finden Sie nicht in Präsentationen.

19. Denken Sie wenigstens einmal im Jahr über die Marke nach und ziehen Sie Bilanz.

20. Überprüfen Sie dabei, ob Sie sich an die Markengesetze gehalten haben.

21. Ein Markenprodukt darf nie über die Preisschiene verkauft werden.

22. Demonstrieren Sie Ihre Einkaufskompetenz, aber nicht eine Einkäufermentalität.

23. Machen Sie durch die Stilistik der Fotografie oder Illustration die Bildkultur Ihrer Marke zu Turbosignalen.

24. Versuchen Sie die Idee der Marke in einem Superzeichen (Marken-Keyvisual) zu komprimieren.

25. Marken dürfen sich nicht anbiedern oder kurzfristigen Trends nachlaufen.

26. Entwickeln Sie ein Programm, das die zukünftigen Käufer an Ihre Marke bindet.

27. Richten Sie die Markenbotschaft auf die Kernzielgruppe aus.

28. Seien Sie dabei einfach und verständlich und erwecken Sie nicht den Eindruck, für alles zuständig zu sein.

29. Die Durchsetzung der Kernkompetenz ist mit allen Unternehmensinstrumenten zu verwirklichen.

30. Lassen Sie sich nicht auf Werbesprüche ein, sondern geben Sie gegenüber dem Kunden ein ehrliches Leistungsversprechen ab.

31. Sichern Sie die Markeninvestition durch Marktforschung ab.

32. Setzen Sie, wenn möglich, die Nummer eins als Kaufgrund ein.

33. Handeln Sie stets nach dem Motto »Das Beste oder gar nichts«.

34. Stellen Sie Ihren Mitarbeitern die Markengesetze in einem Aufbruch-Event vor.

35. Lösen Sie eine permanente Diskussion über die Markengesetze aus.

36. Sorgen Sie dafür, dass Ihre Produktmanager und Werbeagenturen nach den Markengesetzen handeln.

37. Wenn Sie nicht selbst die Markenführung überneh-men, schaffen Sie eine Organisation, die dafür genug Kompetenz besitzt.

38. Auch Public Relations, ihre Einbindung in die Mar-kenstrategie, gehören zur verantwortungsvollen Markenführung.

39. Ganzheitlichkeit und Begeisterungsfähigkeit sind die Voraussetzungen zur Markendurchsetzung.

40. Beim Einsatz von Prominenten ist auf Glaubwür-digkeit zu achten.

41. Die Kompetenzbestimmung kann auch über die Einengung des Kompetenzfeldes geschehen, indem man sich als Spezialist positioniert.

42. Reduzieren Sie das Markenrisiko, indem Sie Ihre Geduld vergrößern.

43. Man ändert keine Markenphilosophie und kein Markengesicht, nur weil sich das Management ändert.

44. Der Charakter des Markenführers kann zur Mar-kenstärke beitragen.

45. Legen Sie für Ihre Marke sowohl visuelle als auch verbale und, wenn sinnvoll, auch akustische Schlüs-selsignale fest.

46. Regeln Sie den Einsatz des Markencodes in einem Pflichtenheft im Markenhandbuch.

47. Prüfen Sie anhand des Pflichtenhefts im Markenhandbuch jedes Werbemittel darauf, ob das formulierte Markenprofil und der Markencode eingehalten werden.

48. Legen Sie in einem Markenhandbuch fest, in welcher Variationsbreite sich die Markenbotschaft und der Markencode auf die europa- beziehungsweise weltweiten Mentalitäten einstellen dürfen.

49. Markentechnik sichert den Vorsprung im Investitionsgütermarkt.

50. Die Argumentationskette gegenüber allen Zielgruppen ist aus dem Markenkern abzuleiten.

51. Erst der unternehmerische Impetus macht einen Absender zur Marke.

52. Fördern Sie die unternehmerischen Veranlagungen Ihrer Mitarbeiter.

53. Zur Markenführung gehören Erfahrungen an der Verkaufsfront.

54. Nehmen Sie die Kundenbindung so ernst wie die Kundengewinnung.

55. Schaffen Sie durch ein Kundenkontaktprogramm eine Bindung zu den Kunden.

56. Eine Marke, die Werte vermittelt, bringt an der Börse den höheren Mehrwert.

57. Öffnen Sie sich gegenüber der Presse und seien Sie informationsfreudig, ehrlich und fair.

58. Stellen Sie fest, was Ihre Marke wert ist, und wiederholen Sie die Bewertung in regelmäßigen Abständen.

59. Passen Sie Ihre Marke unmerklich den veränderten Zeitläufen an.

60. Stellen Sie sich persönlich in den Dienst der Markenidee und ihrer Grundregeln.